新教师职业发展丛书

XINJIAOSHI
ZHIYE FAZHAN
CONGSHU

优秀教师的职业信条

本书编写组◎编
石　柠　张春晖◎编著

YOUXIU JIAOSHI DE
ZHIYE XINTIAO

高素质的教师不仅应该是有知识、有学问的人，而且还必须是有道德、有理想、有专业追求的人，不仅是高起点的人，而且是终身学习、不断超越自我的人；不仅是专业学科领域的专家，而且是教育科学的专家。

世界图书出版公司
广州·北京·上海·西安

图书在版编目（CIP）数据

优秀教师的职业信条/《优秀教师的职业信条》编
写组编 . — 广州：广东世界图书出版公司，2010.4（2024.2重印）
ISBN 978 – 7 – 5100 – 2013 – 1

Ⅰ . ①优… Ⅱ . ①优… Ⅲ . ①教师 – 职业道德 Ⅳ .
①G451.6

中国版本图书馆 CIP 数据核字（2010）第 050051 号

书　　　名　优秀教师的职业信条
　　　　　　YOU XIU JIAO SHI DE ZHI YE XIN TIAO
编　　　者　《优秀教师的职业信条》编写组
责任编辑　吴怡颖
装帧设计　三棵树设计工作组
出版发行　世界图书出版有限公司　世界图书出版广东有限公司
地　　　址　广州市海珠区新港西路大江冲 25 号
邮　　　编　510300
电　　　话　020-84452179
网　　　址　http://www.gdst.com.cn
邮　　　箱　wpc_gdst@163.com
经　　　销　新华书店
印　　　刷　唐山富达印务有限公司
开　　　本　787mm×1092mm　1/16
印　　　张　13
字　　　数　160 千字
版　　　次　2010 年 4 月第 1 版　2024 年 2 月第 4 次印刷
国际书号　ISBN　978–7–5100–2013–1
定　　　价　59.80 元

"光辉书房新知文库"

总策划/总主编:石　恢

副总主编:王利群　方　圆

本书作者

　石　柠　张春晖

序：教师职业发展的终生要求

20世纪60年代中期以来，许多国家对教师"量"的急需逐渐被提高教师"质"的需求所代替，对教师素质的关注达到了前所未有的程度。进入本世纪以后，教师专业化已经成为世界性的潮流。高质量的教师不仅被要求是有知识、有学问的人，而且还必须是有道德、有理想、有专业追求的人；不仅是高起点的人，而且是终身学习、不断自我更新的人；不仅是专业学科领域的专家，而且是教育科学的专家。

教师这个职业尽管非常普通，但却又具有非常特殊的意义。

首先，教师这个职业所面临的对象，是活生生的人，而不是无生命的物质，是正在成长中的儿童青少年。教师的职责就在于，把未成年人培养成为社会所需要的、有鲜明个性的人才。虽然以人为工作对象的职业很多，比如医生、律师等，但他们服务的时间很短，服务内容也很有限。可是教师不一样，他的工作对象众多，服务时间相对较长，服务内容广泛、全面。

其次，教师以自身作为教育手段来实施教育。教师自己的知识、经验、人格、素养，就是对学生进行教育的材料，更是教育学生的手段，离开了教师这一最生动的教育手段，其他的手段，即便再先进，其教育的效果也要大打折扣。古往今来，对教师这一职业都具有双重的要求，即"教书育人"。孔子十分重视师德修养，他说："其身正，不令而行。其身不正，虽令不从""不能正其身，如何正人？"随着社会的发展，教师不仅要"传道、授业、解惑"，而且要"身正垂范"。教师的言传身教对学生的学习、品德和行为的发展起着重要的作用。换句话说，教师是学生最直接的学习与生活的模范和榜样。一个优秀的教师往往是学生崇拜和模仿的对象，他的思想、品行、情感、意志力、人格特征对学生会产生潜移默化的影响，甚至直接影响学生将来的发展。

再次，教师担任学生保健医生的角色。目前，素质教育要求全面提高学生的思想道德、文化科学、劳动技能和身体心理素质，促进学生全面健康地发展。而在学生的整体素质中，心理素质本身占有重要的地位，心理素质的好坏影响着其他素质的发展和提高。因此，教师作为教育活动的组织者和实施者，还担负着学生心理健康教育的重任。

最后，教师是一个需要终身发展的职业。随着社会的发展，特别是科学技术与信息技术的迅猛发展，教师职业将处于不断变化和发展之中，那种一旦成为教师就可以一劳永逸的思想与时代的发展越来越不相吻合，教师职业已经成为终身发展的过程，社会的发展需要教师不断地自我更新知识。教育家吕型伟曾说过："教育是事业，事业的意义在于献身；教育是科学，科学的价值在于求真；教育是艺术，艺术的生命在于创新"。他的这番话道出了教师职业终身发展过程的本质。

总之，教师要合格地履行自己的专业角色，就必须具备良好的专业品质和素养，关注自己的职业发展。抓住机遇，迎接挑战，是每一位教师必须面对的重要问题！

本丛书编委会

Contents 目 录

引　言

　　教师是一个平凡的职业，但又是一种神圣的职业。要成为一个育人之人，教师还要坚守和充实一些为师的基本观念，如平等、真诚、守信、博学、崇德……从这些观念中提炼出自己的职业信条，不断激励自己，不断修正自己，保持正确的方向，让自己在教育的道路上越走越踏实，越走越宽广。

　　传统教育恪守的职业信条是"传道、授业、解惑"，这些在今天也是适用的，但在现代社会中，人的境遇比之古代更为复杂，教师们遇到的情况也要复杂得多，包括学生、家长、社会、知识的发展、自身的准备等等。联合国教科文组织、国际教育发展委员会编著的《学会生存——教育世界的今天和明天》一书中说："从今以后，教育不能再限于那种必须吸收的固定内容，而应被视为一种人类的进程，在这一进程中人通过各种经验学会如何表现他自己，如何和别人进行交流，如何探索世界，而且学会如何继续不断地——自始至终地——完善他自己。"这意味着，随着社会的发展和教育理念的变化，对教师的要求大大提高了，不再仅仅是课堂上 45 分钟的授业解惑。教师需要不断学习，不断激励自己，在多方面进行自我教育，才能成为学生期望中的优秀教师。

随着新课改的进行，教师们已经在理念上适应并接受了教育教学中由知识的传授者转化为促进者；由活动的管理者转化为引导者；由居高临下的权威转化为"平等中的首席"的一系列角色的转换，但在实践中，这是一个逐步探索的过程。一些教师可能会在这个过程感到茫然，可能会无所适从，在此情况下，我们倡导优秀教师的职业信条，是希望更多的教师能坚定自己的职业选择，坚实自己的教育梦想，坚持自己为教育事业的奉献精神。

"信条"之"信"，是相信，是信念，作为新时代的教育工作者，教师应该具有更加坚定的信念，在这个急剧变化的时代中，以自己的丰富学识和崇高师德去引导学生，感染社会，让教育事业真正成为社会发展的基石。

第一章　热爱教师工作

■爱自己的工作

■承担起教师的责任

■在工作中投入激情

■不计得失 无悔奉献

■把教师当成终身事业

一、爱自己的工作

工作，首先是一个态度问题。对工作，应该有发自肺腑的爱。

年轻人选择职业，如果正是自己所爱好的事，他就会在工作中感到很愉快，心里有归属感，也容易发挥出自己的能力和天赋。所以，选择自己感兴趣的事为职业，是一件很重要的事。文学家高尔基曾说过："当工作是一种乐趣时，生活是一种享受！工作是一种义务时，生活则是一种苦役。"

但很多时候，特别是对于刚入社会的年轻人来说，由于自身条件的原因，或者自身认识不足，不能够选择自己喜欢的职业，进入一个自己不太喜欢的行业，来到一个自己不太满意的岗位，怎么办呢？不要敷衍对待，得过且过。你来到这个岗位上，就应该有一份对工作的热爱。

或许，你一开始选择工作时，教师并不是你喜爱的职业，在这种情况下，也千万不要以敷衍的态度去应付了事，而要学会去爱自己所做的工作。美国著名心理学博士艾尔森对世界100名各领域的杰出人士问卷调查，结果让他十分惊讶，其中61%的成功人士承认，他们所从事的职业，并非他们内心最喜欢的，至少不是他们心目中最理想的，但这61%的人，都成了有成就的人。想要一辈子从事自己喜欢的工作，并不是件容易的事，做好眼前事才是最重要的。

事实上，很多人都是这样，在工作之初总是感到不满意，觉得这不是自己理想的职业，但当他投入地工作的时候，就会感受到这份工作的意义和乐趣。这是一种态度上的转变，不管你得到一份什么样的工作，都要热爱它。

曾经有一个鞋匠，他从事擦鞋工作已经多年，但是他一直非常热爱自己的工作。他还说他过着幸福的生活，而且为拥有当地最好的擦鞋水平而感到自豪。其他的人很奇怪，问他："我们看着都觉得你很辛苦，你怎么还会一直喜欢你的工作呢？何况，擦鞋这份工作也不是什么好工作吧。"

鞋匠回答说："我每次擦完鞋后，看见别人穿着一双光鲜的鞋重新上路，就感到心里很满足，这是多么让人自豪的一件事啊。既然我干了这一行，那我就要让自己成为一个最幸福的擦鞋匠！"

是的，擦鞋匠也可以有这样的自豪。为别人擦鞋虽然算不上好工作，但也有它的价值和意义。

选择自己喜欢的职业固然重要，但那就像找到一份甜蜜的爱情一样，常常是可遇不可求的事，所以，更重要的是干好眼前的工作。

爱你眼前的工作吧。对工作的感情是在工作中产生的，这就是"干一行爱一行"的道理。

一名电子信息专业的大学毕业生，从纯粹的技术带头人成长为一名优秀企业家，他谈到自己的经历时这样说道：

"没有人可以把所有的事情都做好，我也一样。我又是一个优秀的企业管理者，技术又很厉害，实际上是不可能的。"他说，"我的经验其实很简单，就是要干一行爱一行：从前做技术的时候，就要很认真地做技术、开发方面的工作；现在做管理了，就集中精力搞管理，不要把自己还当成是技术带头人。"

干一行就要爱一行，道理虽然简单朴实，却很有效，现在的很多大学毕业生，特别是名牌大学毕业生之所以就业难，并非真的"人才过剩"了，其实是缺乏一种"积极入行"的心态。

俗话说：行行出状元，可是这首先要有一个前提：那就是你得先入行。总是觉得这个不想干，那个不愿干，最后可能是什么都干不成。

每一行工作都自有它的意义。教育工作关系到人的塑造和社会的未来，意义更是非同一般。

下面是一名美国教师发表在《读者文摘》上的文章，他谈到了"为什么当教师"这一话题：

绝大多数人之所以如此杰出，是因为在他们需要时有一批默默无闻的教师。

你为什么要当教师呢？当我的朋友问我这个问题时，我告诉他我不想被认为是处于达官显赫的这样一个境地。使他迷惑不解的是，我所抛弃的显然正是所有的美国孩子自幼所一直被教导去追求的人生成功之路：金钱和权力。

我当然不想当教师，因为教书对我来说简直太难了。在我妄想赖以谋生的所有职业中，像推土机手，木匠，大学管理人员，作家——当教师是最难的了。对我来说，教书意味着"熬红的双眼"，因为我从未对自己的备课满意过，上课的前一天晚上我总是准备到深夜。"汗湿的手心"，因为当我走进教室的时候永远是紧张的，生怕又会被发现犯了傻。"沉重的心情"，因为当我一小时后走出教室时，可能又被认为上了一堂比以前更令人乏味的课。

我不想当教师，因为我认为我总是知道答案，或者我总想把我所知道的那些知识强让我的学生去接受。有时我简直怀疑我的那些学生们真的在课堂上把我所教给他们的都记下了吗？

那么，我为什么还要当教师呢？

我要当教师因为我喜欢学校工作日历所提供的生活节奏。6月、7月和8月的假期，给了我一个机会去思索、研究和写作——为今后的教学总结我的心得。

我要当教师因为教学永远是一个变化无穷的工作。甚至当我的教材是同样的，我总是改变着教学方法，然而更重要的是，我的学生总是在变化。

我要当教师因为我喜欢有出错的自由，有吸取教训的自由，有激励我自己和我的学生的自由。作为一个教师，我就是我自己的老板。即使我要求我的一年级新生去编一本如何写作文的教科书，谁又敢说不呢？这样的课程可能会完全失败，但我们都能从失败中学到些什么。

我要当教师因为我喜欢提出那些学生必须尽力思索才能回答

的问题。这世界充满着对蹩脚古怪问题的正确答案。在教学中，我有时有意回避那些正统的提问。

我要当教师因为我喜欢学习。确实，我之所以感到我的教师生涯还颇有活力，是因为我总是不断地学习。我人生事业中最重要的发现之一就是，我之所以是最好的教师，不是因为我懂得多少，正相反是我酷爱学习。

我要当教师因为我以我能设法将我自己和我的学生从象牙塔式的传统封闭式的学习中解脱出来而进入外面的真实世界。我曾经教过一门称之为"在高科技社会中自我生存"的课程。我的十五位学生读过爱默生、梭罗和豪士利的作品。他们坚持记笔记。他们写出了学期论文。

然而我同样创建了一个公司，从银行贷款买下了一幢便宜的房子，经过同学们自我动手实践进行装修改造，在学期结束，我们卖掉了房子，还清了贷款，上交了所得税并且分了红利。

当然这决不是你所想象的一般性的英语课。但十五位未来的律师、会计师及商人突然发现他们正在用一个全新的眼光看待梭罗的"沃而登"一书。他们懂得了为什么他要去森林，他如何建立起他的木屋，而且为什么他如此欣赏他的经历以至于他要将此公布于世。

他们同样也明白了为什么他最后终于离开了森林。他已经尝到了沃而登湖水的滋味。现在该是去品尝另一种饮料的时候了。

我要当教师因为教学给了我许多的饮料去品味，许多森林去进入和离开，许多好书去阅读，许多象牙塔般高深领域和现实世界的经历去探索。教学给了我前进的步伐，多变的人生和挑战以及不断学习的机会。

尽管如此，我还是忘了说我为什么要当教师的最重要的理由。

我的第一位博士生名叫维姬。她是一个十分有能力的年轻人，她一度由于未能通过文学课而使她申请奖学金受挫。但她勤奋不懈地研究撰写了一篇关于一位鲜为人知的14世纪的诗人的论文。她终于完成了论文，并将它寄到著名的杂志予以发表。除偶尔请教了我几次，这几乎完全是由她自己完成的。当她完成了论文，通过了论文答辩，获得了一份工作并且赢得了哈佛大学的一笔奖学金用于将其论文写成一部专著时，使我感到欣慰的是，作为我的学生，她茁壮地生根、发芽成长起来了。

我的另一位学生名叫乔治。他是我所教过的最聪明的学生之一。他一开始学的是工程学，而后他转学英语因为他终于认识到他对人比对物更感兴趣。他一直在校学习直到他获得硕士学位。现在他在一所高级中学教英语。

还有一位学生名叫吉娜。她曾一度辍学，但她的一些同学把她找了回来，因为他们希望她能看到自我实现课题的结局。她回来了，她还是我的学生。作为她的老师，她告诉我她后来变得对城郊穷人的状况十分感兴趣，她致力于这个课题成为一名人权律师。

另有一位学生名叫杰卡。她是一个十分爱整洁的人而且有着一种绝大多数哪怕学过分析学的人所不能及的学习天分。杰卡决

定停止高中的学习而直接进入大学。

这些就是我为什么要当教师的理由。这些学生在我眼前成长、变化着。当一名教师就好比在创造生命，我可以看到我所孕育的泥人开始呼吸。没有什么能比能那么近的亲眼看到生命的呼吸更令人激动的了。

不当教师，我或许可以得到地位、金钱和权力，但我是有钱的。我从我所最乐意去做的事情中得到了报酬：读书学习，和人们交谈，去发现或者去提出像这样的一个问题，"什么才是真正的富有?"

我也有权力。我有权力去提请别人注意，去展开有趣的话题，去问那些难以回答的问题，去表扬一个大胆的回答，去谴责掩盖真理，去向学生推荐书籍，去指出前进的道路。我还会去在乎其他什么权力吗？

但是当教师也确实提供了一些除了金钱和权力之外的东西：它提供了"爱"。不仅仅是对学习的爱，对书本的爱，对思想的爱，而且是作为一个教师所能感受到的那些难得的学生步入教师的生活并开始呼吸的爱。或许"爱"用在这儿并不尽意，用"神奇"一词更为恰当。

我当教师是因为我生活在那些开始呼吸的人们中间，我有时甚至能感受到他们的气息中也有我自己的气息。

文章洋溢着作为一个教师的幸福，这种幸福不是凭空出现的，而是因为作者爱的付出。这就是一个教师的爱，对学生的爱，对教师职业的爱，以及这种爱结出的丰硕的果实。

教师的工作固然是辛苦的、清苦的，面对无尽的困惑，却时刻胸怀教育的良知，在浮躁之世默默地耕耘，播种善良，播撒智慧，带来希望。所有400年前捷克教育家夸美纽斯说道：教师是太阳底下最光辉的职业！

二、承担起教师的责任

责任，从本质上来说是一种与生俱来的使命，是必须客观面对而无法回避的，是必须承担的义务。

我们不妨从布莱德雷将军小时候的一个故事来理解"责任"两个字的分量：

当时，一群男孩在公园里做游戏。在这个部署中，有人扮演将军，有人扮演上校，也有人扮演普通的士兵。有个"倒霉"的小男孩抽到了士兵的角色。他要接受所有长官的命令，而且要按照命令丝毫不差地完成任务。

"现在，我命令你去那个堡垒旁边站岗，没有我的命令不准离开。"扮演上校的亚历山大指着公园里的垃圾房神气地对小男孩说道。

"是的，长官。"小男孩快速、清脆地答道。

接着，"长官"们离开现场；男孩来到垃圾房旁边，立正，站岗。

时间一分一秒地过去了，小男孩的双腿开始发酸，双手开始

无力，天色也渐渐暗下来，却还不见"长官"来解除任务。

一个路人经过，说公园里已经没有人了，劝小男孩回家。可是倔强的小男孩不肯答应。

"不行，这是我的任务，我不能离开。"小男孩坚定地回答。

"好吧。"路人实在是拿这位倔强的小家伙没有办法，他摇了摇头，准备离开，"希望明天早上到公园散步的时候，还能见到你，到时我一定跟你说声'早上好'。"他开玩笑地说道。

听完这句话，小男孩开始觉得事情有一些不对劲：也许小伙伴们真的回家了。于是，他向路人求助道："其实，我很想知道我的长官现在在哪里。你能不能帮我找到他们，让他们来给我解除任务。"

路人答应了。过了一会儿，他带来了一个不太好的消息：公园里没有一个小孩子。更糟糕的是，再过 10 分钟这里就要关门了。

小男孩开始着急了。他很想离开，但是没有得到离开的准许。难道他要在公园里一直呆到天亮吗？

正在这时，一位军官走了过来，他了解完情况后，脱去身上的大衣，亮出自己的军装和军衔。接着，他以上校的身份郑重地向小男孩下命令，让他结束任务，离开岗位。军官对小男孩的执行态度十分赞赏。回到家后，他告诉自己的夫人："这个孩子长大以后一定是名出色的军人。他对工作岗位的责任意识让我震惊。"

军官的话一点没错。后来，小男孩果然成为一名赫赫有名的军队领袖——布莱德雷将军。

从你进入社会开始，责任就像紧箍咒一样始终伴随着你，责任来自于对社会、家庭、单位应尽的义务和自觉的状态。责任的全部意义，就是这个世界上有许多事情必须要你去做，要你去承担，尽管你不一定喜欢或者不一定愿意。

教师这个职位所规定的工作任务就是一份责任。你从事这项工作就应该担负起这份责任。

一个优秀的教师就是一个优秀的责任承担者。

全国优秀特级教师李镇西曾这样说过：

刚参加教育工作时，我有一种真诚的责任感和使命感。这种责任感和使命感，来自我少年时代所受的关于理想主义和英雄主义的教育，但更来源于我对当时社会风气的深深忧虑。

记得当时就有同事对我调侃道："你把胡耀邦该操的心都操了！"

是的，现在想起来，那时我的"庄严"与"神圣"的确有些幼稚，但我那颗真诚的责任心（后来成了我的事业心），至今未曾褪色！

但是，就理论素养而言，我当时堪称"一贫如洗"，然后我仍然凭着一腔热情便"赤膊上阵"了：一天十几个小时和学生"泡"在一起，真正成了"娃娃头"！

李镇西老师之所以能坚持数十载，将热情倾注于教育事业上，并最终走出自己的一片新天地，主要原因在于他心中充满了对学生、家长、学校，乃至社会的那份责任感。其实，任何一名

教师无论是过去、现在，还是将来，教书育人、爱岗敬业应该是永远追寻，并坚守的职业信条。衡量一个教师是否合格，最重要的一点就是看其有没有强烈的社会责任感。

因为教育工作的根本意义在于通过培养合格的社会公民去优化和推动社会的发展。如果一个教师不能够时刻认识到这一点，那么他的工作状态就是一种浅层次的存在，他的工作就会缺乏激情，当然也就缺少幸福的工作体验。

有的教师会早来晚走，但他的目的在于争取评上个"优秀"的荣誉，在年终考核时获得更多的加分；有的教师会自觉地加班加点，但他的出发点是唯恐自己班的考试成绩比别的班差，面子上过不去；有的教师在某一个阶段内表现出特有的工作积极性和主动性，但当他晋上理想的职称之后仿佛立即换了个人似的；有的教师表现得不前不后，声言自己的个性就在于不为名不为利，干一天算一天；有的教师因为工资晚发了几天，把备课本摔来摔去……这些表面上看来思想不够端正，实际上是不能把自己的工作与社会的需要联系起来，这是缺乏强烈的社会责任感的集中表现。

我们很难想象，一个没有责任感的教师会教出有责任心的学生。教育不光是给孩子知识，更重要的是培养学生以积极的生活状态，以积极的生存心境、积极的人生态度对待生活。教师教育的是人，不是机器，学生们长大成人也要走到社会上去，教师就要注重培养学生的社会责任感。我们希望能拥有一个和谐的社会，那么首先要求各个领域的都具有一批高素质且有高度责任心的人才，从这个角度出发，教师是否具有责任感，就不仅仅是一种个人行为了。

从社会的角度看，在当今时代，教育不仅仅是发展科学技术和培养人才的基础，对于社会的稳定和谐同样起着极其重要的作用。有人称教育是社会的黏合剂和平衡器。在每一天，亿万的少年儿童走进校园去接受教育和学习，亿万的少年儿童的父母才得以在各自的岗位上无忧无虑地安心工作，假如学校出现了问题而不能接纳孩子们去读书，将会有多少学生家长因之而不安和焦躁！从这个意义上讲，学校教育的确在起着社会稳定黏合剂的作用；从另一个方面来说，人在社会生活中所处环境的差异是显而易见的，特别是那些身处经济困难地区和贫困家庭中的人们，他们都有着一种改变现状追求平等的理想和愿望，而这种理想和愿望的实现在很大程度上就是依靠接受教育。知识和技能能够改变一个人的命运，知识和技能同样能够改变一个地区的命运。教育启发着人们产生美好的愿望和追求，教育又帮助人们去实现这种美好愿望和追求。教育使社会上的人们都怀有美好的愿望，树立美好的理想，为着这种美好理想的实现，他们可以忍辱负重，他们努力遵纪守法，他们更多地看到光明，他们能够在现实生活中克制自己，努力去适应和服从国家的意志。从这个意义上讲，教育又确实起着社会发展平衡器的作用。而教师就是社会稳定黏合剂和平衡器的实际操作者，这种社会责任不是够伟大的吗？

当代教师面临三项主要责任，即岗位责任、社会责任和国家责任。这就要求教师在每天所做的极其平凡的工作之中，始终牢记为学生负责，为家长负责，为社会负责，为国家负责。

三、在工作中投入激情

一名教师在自己的博客上写了这样一段经历：刚参加工作时，他充满激情，努力干好每一项工作，教学的每一天对他来说都是新鲜有趣的，他的教学水平也在自己的努力中迅速得到提升。如今工作八九年了，却发现自己的工作激情渐渐消失，教学上也没有什么大的长进，甚感困惑。

这种现象，其实是教师发展过程中出现的"高原现象"。它严重影响教师个人的专业成长和可持续发展，继而还会对学生造成不可忽视的负面效果。处在高原期教师工作激情的衰退，原因是多方面的，既有自身的原因，也有学校乃至教育体制的原因。

缺乏激情是一个什么样的状态呢？我们来看看李老师：

李老师从事教师工作 10 年了，刚进学校拿起教鞭时的那种喜悦心情早就没有了。现在的他工作毫无积极性，对学生一点儿热情也没有，一学期下来竟叫不上几个学生的名字。他常年与书店绝缘，教课都是凭一本教参去挖掘"微言大义"；他把一切教育教学改革和教学技术的创新，都看成是"花架子"而拒不沾边，只是靠"老底儿"去以不变应万变。由于他观念陈旧、语言陈腐、方法单调、暮气沉沉，久而久之，与同学们形成了"代沟"，成为学校里有名的"问题老师"，人们都说："李老师的教学生涯恐怕不会长远了。"

当然，很多老师没有因为缺乏激情而成为"问题老师"，但缺乏激情仍旧是一个需要重视的问题。要想成为优秀教师，就必须和"李老师"这样的行为绝缘，始终保持工作的激情。

在所有的伟大成就中，激情是最具有活力的因素。成功总是属于那些充满激情的人，即使是在平凡的工作岗位上，即使面对重重的困难与挫折。

激情并不是独立的，而是与人生观、价值观及责任感紧紧相连；激情也不是瞬时的，而是终生相伴的一种品质与信念。激情的态度是做好任何事的必要条件，长期的激情可以使一个人长期保持高度的自觉，把全身的每一个细胞都激活起来，完成他心中渴望的事情。由激情产生的力量是强大的，有激情伴随的人生是丰富的。每个人都应在工作中注入巨大的激情，因为只有这样才能在工作体现最大价值，在生命中获得最大成功。

教师的激情从哪里来？让我们看看一位乡镇学校教师的体会：

教师的激情来自于对学生无私的爱。在教师的眼里，每位学生都应该是鲜活灵动、隐藏发展潜力的生命体。热爱一个学生就等于塑造一个学生，而厌弃一个学生无异于毁坏一个学生，教师要善待每一位学生，学生的对与错、好与坏，都是他们成长中可

能会出现的情况，尤其是后进生，要容纳他们的缺点和错误，为了孩子的发展，为了孩子一生的幸福，教师对学生所做的每一项工作，处理的每一个细节，都是积极有意义的。以这样的情怀来看待学生，会激起强烈的责任心，进而对学生倾注无私的爱。

教师的激情来自于良好的工作氛围。环境能影响人、改变人。良好的工作环境自然能创设良好的工作氛围，良好的工作氛围能促使教师快速成长。一位教师的进步，可能受某位优秀教师的影响，可能受校长的鼓励，也可能由于教师群体积极向上的带动。总之，在良好的氛围中，教师耳濡目染，潜移默化，无形中会产生自我向上、向优秀学习的动力。

教师的激情来自于学习反思的熏陶。读书能让我们拥有更宽广敏锐的心灵，因而我们才能常常感动，常常饱含进取的激情，只要常读书，生命就在，激情就在。在学习提高的基础上进行反思，更有利于进一步激发情感。"感人心者，莫先乎情。"我们可以经常问问自己：面对压力，我还有工作热情吗？我的课堂是否是一条涌动的河？我的人生有执著的追求吗？调整好自己的心态，促使自己以真挚、强烈的情感走进学生的心灵，时时将自己置于生命的原野，用真情去催发生命，为生命中的平凡而欢欣鼓动，让生命中的习以为常感动自己，再用教师的率真、坦诚、热情去感染学生、打动学生。

教师的工作激情来自于享受成功的乐趣。心理学研究表明：一个人只要体验过一次成功的喜悦，就会激发他一百次成功的欲望。教师在工作中也是如此。在平时的教学工作中，很多教师很少有成功感可言。这首先需要学校领导尽量为教师专业发展提供平台，创造让教师成功的机会。在刚刚开始阶段，我们可以放低要求，目标要低，以小步子走的方式，更容易获得成功。

教师的工作激情来自于对教育理想的追求。理想，是人的精神支撑、前进的动力，没有理想，人就会变得精神萎靡。不成功的教师往往缺乏教育理想，没有对教育更高的追求，教师一旦树立了教育理想的风帆，就会把整个身心投入到教育教中去，始终以"不达目的，绝不罢休"的意念驱动自己。刚参加工作时，我的目标是好好努力，让学校领导满意，做学校的骨干教师，通过两年的努力，我的目标实现了，教学成绩走在全镇的前列。我又确立了县级骨干教师的目标，4年后，我的目标也实现了，每次目标的实现，我都会倾注极大的热情，付出艰辛的努力，因而效果也就十分明显。

保持你的工作激情吧！要知道，教师从事着世界上最高尚的工作——人类灵魂的工程师，而不是平庸的"教书匠"。作为教师，我们得靠自己的力量，才能够从教师职业生涯中获得意义，在平凡的教育工作中创造出属于自己的奇迹。当你满怀激情地工作，并努力使自己的学生、家长、同事、领导乃至社会认可时，你就已经跨入优秀教师的行列了。

四、不计得失　无悔奉献

教师的职业特点确定了教师执业者必须具有奉献精神。如果你选择了教师职业，那么你同时也选择了奉献。

首先，和别的职业相比，教师要奉献出更多时间。教师的劳动是无法以时日来计算的。一名合格的教师当他开始教师生涯的那一天起，就必定要"超量"工作，就将对教育事业倾注自己的全部心血。

其次，教师要奉献自己的心灵。有人总结说，教师要拥有并奉献"五心"——爱心、责任心、恒心、细心、耐心，才能品出职业的幸福味道。

从事教育，就是奉献，这早已成为人们的共识。但是，作为一种信念，一种精神，新时期教师的奉献还有更深的内涵，它来自思想的深处，是骨子里的一种气质、风度或雅量，是一种长期存在、固定不变的、甘愿付出而不求回报、不计较个人得失的一种精神和信念。

一谈起"教师要有奉献精神"，可能有的教师会不满意，甚至发牢骚：为什么单单是教师？为什么教师就应该奉献？谁来理解支持教师？教师还有多少生存空间？有这些牢骚是正常的，教师也是人，也需要人文，需要民主，也需要享受。教师也只是众多普普通通人中的一部分而已，一味强调"奉献"似乎已经过时了，"吃的是草，挤出来的是牛奶"这样的世界观、人生观也许是人们对崇高精神境界的一种奢望了，但是——教师还是需要有奉献精神的！

首先，这是由教师职业的重要性决定的。教师从事的职业是"天底下最光辉的职业"，从小处说，它为教师的生存提供了保证。从大处说，教师的工作又关系到社会的未来、人类的进步！虽然每一节课教师也许只是为学生讲解了一个知识点、演算了一道习题、解决了一个教学难点，但每一天，每一个月，每一学期，在无数课堂和学校中，所有教师的行动汇合起来，他们就是在为社会造就栋梁之材，为国家和民族带来希望。这种和国家民族息息相关的职业，难道不应该有人去为之奉献吗？

其次是由教师所面对的教育对象所决定的。教师的教育对象是活生生的人，"十年树木，百年树人"，培养人的工程是最为艰巨的。因为我们面对的是一个个鲜活的生命，而教学就是与生命的沟通，与生命的沟通就需要时时刻刻的恭谨！也许一句伤害学生自尊心的话，会摧毁他对未来的信心和对美好事物的憧憬；也许一个错误的只是传授，会使学生形成一个错误的思维定式，不再去追求创造与发明；也许一个不负责的主观臆断，会泯灭了学生的灵性，使他在浑浑噩噩中苍老终生；也许一个缺乏关爱与期待的眼神，会使学生感受不到人与人之间的温暖，从而使他对整个社会充满敌意！如果教师因为牢骚，因为不负责任而影响了学生的成长，那就是误人子弟。

一位普普通通的乡村女教师，手里捏着一份又一份学生的欠账单。10 多年里，她救助的失学儿童和贫困教师达 400 多名，可她的家里除一张旧床、一套改作业用的桌凳之外，再也没有其他家具。这就是湖北郧西县乡村女教师胡安梅。

促使胡安梅走上讲台的是孩子们对读书的渴求。

1992 年年初，胡安梅的父亲，51 岁的胡德荣，倒在他辛勤耕耘了 22 个春秋的讲台上。他是湖北郧西县湖北口回族乡桃园沟村火地沟教学点上唯一的民办教师。他送走一届又一届学生，临终留给家里的，是学生们欠下的 960 元书杂费。攥着这份发黄的欠账单，胡安梅的泪水哗哗地流。胡德荣去世后，村里再也没有识字的人可做教师，23 名学生只能辍学回家。

那年夏天，18 岁的胡安梅初中毕业。父亲去世后，家里没了支撑，她不得不放弃求学的愿望，尽管她在校时品学兼优。她也暗自与几位同学相约外出打工，可这时候母亲试探着问她："安梅，火地沟就你读完了初中，孩子们盼着你回来教书哩！"

胡安梅思前想后，决定暂时教半年试试。这年 9 月 1 日，没有悦耳的开课铃声，胡安梅踏上父亲倒下的讲台。面对那破烂不堪的教室和 23 双求知若渴的眼睛，她情不自禁地哭了："我不走了！"

初执教鞭，她把整个身心都扑在教学上。一学期下来，一、二、三年级的 23 名学生，80 分以上占 70%，还有 3 个 90 多分的，胡安梅也因此被乡里评为优秀教师。

一次，正在上课的胡安梅，突然发现窗外一双大眼睛直溜溜盯着黑板，她跨出教室，一个小女孩一下子扑到她面前："老师，我能读书吗？"胡安梅紧紧搂着她，脱口而出："能，能。明天来吧！"

"可我爸不让来，说读书要花好多钱，我们穷，读不起！"胡安梅连声说："不要钱，不要钱！"

胡安梅忽然明白了父亲教书一贫如洗却又痴心不改的真正内涵：他是不愿桃园沟变成"文盲沟"，不愿桃园沟一代代受穷啊！第二天，胡安梅来到村支书范昌保家了解村里还有多少孩子没上学。她对范支书说："再苦，也不能让孩子没有书读！"

看着胡安梅恳求的样子，范书记不得不一一说了出来。从此，在火地沟山山岭岭的羊肠小道上，处处都有胡安梅奔波的身影。

在教学中，胡安梅感到自己知识面太窄，1995 年 6 月，她托人贷款1000 多元，参加了小学教育函授专科班。平时连雪花膏都没买过的胡安梅，为的就是一个信念：要让山沟沟里的孩子有出息。

胡安梅贷款学习、负债教书的事迹，经当地新闻媒体报道后，鼓励的信件、资助的汇款单犹如雪片一样飞向火地沟。1996年，来自全国 28 个省市、香港以及新加坡的捐款达 3 万多元，社会来信至今有 4000 多封。胡安梅想：3 万元如果存入银行，每年可用利息救助几十名失学儿童呢！

第二天，胡安梅踏着大雪，步行250000 多米，赶到乡教育站申请成立教育基金会，从此，火地沟学生的学杂费及学习用品全部由胡安梅教育基金的利息支付。

"火地沟学校读书不收钱"的消息吸引着桃园沟的孩子们，

学生越来越多，两间教室 12 张课桌凳挤了 31 名学生，还有 20 多名外组的学生申请入学。

到 2007 年，胡安梅教育基金的数量已达到 8 万元，先后有 400 多名贫困学生因此重圆了读书梦。胡安梅教育基金还资助了贫困民办教师 28 名，资助资金 1 万余元。

1998 年，胡安梅转为公办教师，并从火地沟教学点调入桃园沟村小学。胡安梅还当上了县政协委员，陆续被评为县师德标兵、十堰市十佳教师等，荣获第二届中国希望工程园丁奖、湖北省青年"五四"奖章等多项奖励。2002 年和 2007 年，她又光荣地当选为党的十六大、十七大代表。

职业是工作，具有交换关系，是可以量化的。而教师这个职业，天然地就具有奉献精神。而且，一般来说，所教学生层次越低，所处环境越艰苦，越具有奉献精神。闻一多先生在《红烛·序诗》中写道："请将你的脂膏，不息地流向人间，培出慰藉底花儿，结成快乐的果子。"山区女教师胡安梅 17 年的坚守，被誉为"深山红烛"，她发出的光亮照亮了山区的孩子和家庭，也照亮了更多的人。

当然，一味谈奉献而不顾自己的家庭，这也是不现实且不理智的。真正的奉献要以自己拥有良好的身体和稳固的家庭以及相应的待遇为支撑。健康的身体是做好一切工作的重要保证。生命健康不能得以保障，那么一切都有可能成为徒劳。而家庭的稳固也是教师进行有效工作的重要条件。只有家人平安快乐、团结和睦、理解支持，你才会更精神抖擞地投入到工作中。而工作就意味着带来一定的收入。教师的切身利益得到保障才能为其生活带来方便，更是对自己奉献所带来的物质回报。这并非庸俗，有钱才有可能让自己过一种更有尊严的幸福生活。教师为社会作出了奉献，社会各阶层也应从多方面支持教育，为教师创造更好的生活和工作条件。

没有奉献精神的人是成不了优秀教师的，甚至不能成为合格的教师。在市场经济的大潮下，在人心浮躁的时代，还有无数的教师在默默地坚守着默默地奉献着！向这样的教师致敬！

五、把教师当成终身事业

把教师工作当成终身事业是一种信念。

教师工作首先是一种职业。职业是参与社会分工，利用专门的知识和技能，为社会创造物质财富和精神财富，获取合理报酬，作为物质生活来源。教师也是人，也要养家糊口。但教师又是一份事业。当教师作为一份事业，意味着教师不仅将自己所从事的工作作为谋生的手段，还融进了自己的理想和信念，热爱教师工作，对学生充满爱心，对自己和社会有强烈的责任感。

职业和事业之间是对立统一的。一般而言，职业具有阶段性，而事业是终生的；职业是对工作伦理规范的认同，而事业则往往是自觉的。如果你能在你的职业中找到归属感，那么职业与

事业就得到了统一。

如果你只是把教师这一职业当作饭碗，那么教师的工作之乏味可想而知，一年两年你可以坚持，可是如果要你几十年如一日重复一样的说教，试问这个教师哪里还有快乐可言，毕竟工作在人生当中扮演着长久的角色。如果你把教师职业当成一份事业去追求，不断完善自己的能力，让自己的教学更加专业化，培育出更多的优秀人才、国家栋梁，如此一种成就，即使干燥的教学自然也能让你乐在其中了。

在我们的教育事业中，就存在着许多将教师职业视为终身事业的优秀教师，在这种信念下，他们燃烧着自己，照亮了别人：

生命在燃烧——全国优秀教师群像素描

自古至今，师傅、博士、教习、监学……对教师的称呼不下几十种。而"红烛"是孩子们对心目中的老师最形象也是最贴近的誉称，是因为教师在燃烧着自己，照亮了别人。

以苦为乐、乐教爱生，正是光荣的人民教师，以教书育人为己任，在三尺讲台实现建设祖国的人生理想，在艰苦环境中实现自己的人生价值；正是光荣的人民教师，用炽热的爱心去帮助每一位学生，让所有孩子都能享受到良好的教育，获得更多的发展机会。

"就算平凡，但绝不能平庸。"李新孝老师从教31年，有29年是在内蒙古喀喇沁旗四十家子乡罗营子村天上队和孩子们守在一起。一个人办一个学校，多少年都得白天上课，晚上备课。前些年点油灯的时候，每天早上起来，吐口痰都是黑的。但每天让他感受到幸福的是，六七个五音不全的孩子唱着永远让人激动的国歌升旗。29 年来，没有一个学生在他手上辍学，他守住了这块阵地，呵护了天上队 240 多个孩子的启蒙教育。

邹有云老师同样从 1974 年就开始了漫长的太阳山守望之旅。他所在的江西永修县托林镇黄岭村教学点坐落在崇山峻岭之间，一个人既当老师，又当管理员，既是保姆，又是炊事员，还是维修工，最后还搭上妻子来帮忙，照看着一拨又一拨孩子成长。为了让 40 多个孩子们走出太阳山后能与山外"接轨"，他硬是开足了所有的课程，即使是音乐课也不例外。"要说图个啥，就图孩子们说我是个好老师。"

马宪华也是一个人守着一座学校。吉林省珲春市果树农场果树小学坐落在大山深处，从 1996 年以来，这位女教师无论寒暑，每天要绕过四座山，趟过五条河，走 33 里（1 里 = 500 米）路。一个人要教六个年龄段的孩子，一个人教八门课。这么多年来，她一万多次穿越大山，两万五千次趟过山间河流，共走了 3 个 2 万 5000 里长征，用爱心打造着高尚的师魂。

"我可以无愧地告诉大家，我没有耽误过大家一节课。"正是有像马宪华一样坚守在农村一线的 800 万教师甘守清贫，默默耕耘，孩子们才得以借助学习来实现自己的梦想；正是因为有他们为乡村孩子的心灵注入知识的阳光，用心血浇灌孩子成长的足迹，乡村教育才得以跟上时代的步伐发展。

现代教育家夏丏尊说过："教师不能没有爱，犹如池塘不能

没有水。"这些优秀教师们，正是用这个"爱心"跳动的音符演奏着人生乐章，用自己的灵魂塑造学生的灵魂，用自己的人格塑造学生的人格。

"一切为了学生，为了学生的一切，为了一切学生"，正是有对学生的爱，面对刚出生的孩子患上"脑瘫"，婚姻的离异，病魔的缠身，辽宁海城市望台镇大路小学老师孟丽平始终没有离开过3尺讲台。十几年来患糖尿病的她，每天靠两针胰岛素来维持生命，但她用"爱"续写着红烛诗篇，不仅爱品学兼优的孩子，还努力去爱那些放蛇皮到讲桌、迷恋游戏厅的孩子，让他们在快乐中成长。

当黑暗慢慢侵蚀双眼，生命即将黯淡时，重庆市盲人学校的音乐教师张治平，用惊人的毅力、不懈的努力在黑暗中找到光明。正是有对和他一样遭遇的孩子的爱，他数十年如一日，因人选材，因人施教，充分调动学生学习音乐的兴趣，坚持用课余时间义务辅导学生，并用自己的亲身经历激励孩子们自强不息，被誉为"山城阿炳"。

正是有对孩子的爱，当云南普洱哈尼族彝族自治县的端金村哈尼族女教师周永珍看到自己的学生掉到湍急的江中，不识水性的她第一个念头就是跳进水中，奄奄一息间把学生推出水面。江水无情人有情，因呛水已经停止呼吸、不省人事的她，被群众及时抢救而得以生还。

以德化人，以身立教，优秀教师们用"爱"这个教育准则，对学生起着春风和雨式的巨大影响和榜样作用，奏出一曲曲和谐优美的教育乐章。

"黄老师很会出点子"，这是浙江绍兴新昌中学学生对劳技教师黄林的评价。凭着满脑子的神思奇想，凭着那股钻劲，黄林和他的同事带领孩子们不断发明创造，获得了省级以上发明奖235项次，全国级发明奖53项次，国际级发明奖4项，其中19项获得了国家专利。正是他的启发教育，培养了孩子们的发散性思维和创造能力、动手能力，推动了学校走上了发明创造的特色路子。

一片爱心铸师魂，蜡烛成灰育英才。正是这些呕心沥血，孜孜以求的优秀教师，他们不求索取，甘当人梯的品质和事迹，谱写出人民教师高尚的情怀，留给我们良多感悟，无数启迪；正是1000多万名人民教师，无怨无悔地奉献着自己的光和热，构筑起现代化教育事业的宏伟大厦。

选择教师职业在我国就意味着是一种奉献，没有这点精神就不宜做教师。我国的教师工资水平现在偏低，随着综合国力的增强，教师的待遇会逐步改善，但它总是处于社会中等或偏上水平，即使发达国家也是如此。而教师承担着教学、科研的重任，需要全身心的投入，从这意义上讲教师需要有奉献精神，本着对事业追求的奉献精神。

在当下，人们在职业选择上有更大的自由度，仍然提出"愿把教师工作当终身职业"这一信念，强调的正是教师职业的崇高和责任，强调教师职业特有的奉献精神。不管你将来做什么，只要你今天还是一个人民教师，你就应坚持这一信念。

当你坚持"把教师当成终身职业"这一信念后，也才能为自己的教育人生做好规划。如果没有自己的发展规划，很容易生活在平静的绝望中，没有梦想，缺乏动力和方向，总习惯于用现实来搪塞梦想和希望。

作为小学语文教师，我已经打拼了 10 年了。2001 年，新一轮基础教育课程改革给教师专业化发展创造了良好的契机。反思自己，觉得还有教育梦想要去实现：成为一个学生爱戴的、家长欢迎的、有成就感的骨干教师。怎样才能实现这一追求呢？

我的发展目标是：树立终身学习的观念，不断给自己充电，学会用阅读来拯救自己，拯救学生；丰富知识结构，增强理论底蕴；工作中，积极投身教育科研改革与实践，从学生生命发展的角度高度积极探索新的课堂教学；实践中，不断探求、感悟、反思，时刻提醒自己要有童心、有爱心、有责任心，使自己逐步成为研究型、有精神感召力、有思想的新型教师。

我知道要实现自己的专业目标，需要付出不断的努力。为此，我将要求自己努力做到以下几点：

1. 主动学习，形成自己的教育知识。

他山之石，可以攻玉。我要成为学生终身学习的示范者，坚持不懈地学习。从生活中学习，从实践中学习，从研究中学习。

2. 善于思考，成为思考的实践者，实践的思考者。

在班主任工作中、教学工作中，不断地思考自己已经初步形成的教育理解和感悟，不断地提升自己的教育理解水平，完善自己的语文教学观和语文教学思想。

3. 勤于动笔，提高科研水平。

坚持写教育随笔和教育叙事，及时积累科研的第一手材料。提高进行教学案例分析的水平，每学期完成教学案例分析和教育叙事5篇。通过撰写论文，不断提高论文质量，争取早日实现在《人民教育》上发表论文的梦想。

这是一位小学教师对自己的一个规划。有自己的教育梦想，有脚踏实地的行动，这样的教师一定会获得成功。

把工作当成一项事业，我们心中的激情就会被点燃，而平凡的工作就会变成生命中不平凡的部分。今天的工作就是昨天工作的积累，明天的成功赖于今天的努力。将工作当成生命的历程，坦然的面对生活中的压力和单调，时刻的注入激情，生命将会因此而精彩！

第二章　德高为范　诚信为本

■品格就是力量

■坚守人文精神

■遵守纪律 自我约束

■身教胜于言传

■诚信为本

一、品格就是力量

如今，当人们谈论起人生成功的要素时，总是提到什么智商、情商乃至财商，着眼于技能本领或者精神性格方面。不错，这些确实是人生成功的要素，但我们不要因此而忽视了成功的另一项也许更为重要的因素，那就是品格。对于教师职业来说，这一要素显得更为重要和突出。

那么，人的品格是什么呢？

有正义感、责任感、伦理观、勇气、诚实、友情，有忍耐力、持续力、节制心，富于判断力、决断力，有温和的体谅之心——这些美德，都是成为有品格之人的重要因素。

具备这些美德的人值得依赖、尊重和效仿。在这个世界上，他们弘扬了正气，他们的出现使世界变得更美好、更可爱；他们激发了动力，这动力推动着国家和民族走向繁荣富强。

为推动美国社会发展作出了巨大贡献的西奥多·帕克常说的一句话是，对于一个国家来说，苏格拉底的价值远远要超过像南卡罗莱纳这样一个州的价值。

"透过培养品格与个性，最后我获得了真正的力量。"英国著名政治家坎宁在1801年写道，"我并没有尝试过其他的途径。我也相信，这条路也许不是最便捷的，却是最稳妥的，对这点我十分乐观。"

马丁·路德曾说："一个国家的繁荣，不取决于它的国库之殷实，不取决于它的城堡之坚固，也不取决于它的公共设施之华丽；而在于它的公民的文明素养，即在于人们所受的教育、人们的远见卓识和品格的高下。这才是真正的利害所在、真正的力量所在。"

品格，使我们成为独特的个体，使一个人具有永久的价值。品格比财富更具威力，它比其他任何东西都更显著地影响着别人对我们的信任，尊重乃至服从。追求知识和品格与追求财富是两种不同性质的活动：前者有更多积极的影响，而后者却常常产生一定的负面作用，因为在以金钱为标准的世界里，凡是有一个人获得了成功，往往会以成百上千竞争者的失败为代价。而在知识和品格的世界里，一个人的成功同时也是对社会的贡献。

在社会生活中，人的身份地位可以有高下之别，它或许与金钱、权势相关，而品格与这些统统无关。一个身份卑微的人可以是一个人品高尚的人，一个无钱无权的人也可以是一个品格高尚的人。

品格就是力量，从某种意义上说，这句话比知识就是力量更为确切。没有灵魂的精神，没有善行的才智，虽说也会产生影响，但是很可能带来坏的结果。

请看这样一个小故事：

在美国，有一所并非一流的基督教大学，学生的分配却比许多名牌大学还要好。原因就在于这所大学特别强调学生的品格塑造，追求的是"完全人"的教育。比如：学校的许多考试都是开卷的，学生们将题目拿回去在规定时间内自己做完。这样的考试在一般学校根本难以想象，但在这所学校却习以为常。其结果，这所学校的毕业生在金融、保险、证券等对品格高度依赖的企业特别受欢迎。显然，这所学校制胜法宝是品格的塑造，学生们的竞争力则是优秀的品格。

教师作为塑造"人类灵魂的工程师"，不仅要求其必须具备"硬件"系统——掌握现代科学文化知识，具备健康的身体和心理素质，还必须具备相匹配的"软件"系统——具有良好的品格素质。

国内一所待遇颇丰的幼儿园招聘老师，有三个姑娘顺利通过了初评，即将到校长室参加面试。就要到校长室门口的时候，她们同时发现了一个啼哭的小男孩，凄惨的哭声让她们禁不住停下了脚步。可照顾小男孩势必耽误面试时间，想到这儿，两个姑娘离开了男孩，只有一个姑娘留了下来。可奇怪的是，最终的受聘者却是那位没有赶上面试的姑娘，原来，这就是她们面试的题目——当个人利益与道德产生冲突的时候应该选择什么？校长说，我们选择的是有爱心的教师。

现在人们都在追求所谓的成就而忽略了自身品格的培养，这是一种不良的倾向。尤其对教师而言，品格比成就更重要，品格决定着每个教师的言行、态度、目标等一切行为。追求成就，忘记品格，人生就会失衡，这对教育的发展和人才的培养极为不利。无人能超越自己的品格做事，为了祖国和民族的未来，为了事业的成功，必须认识品格的重要性。品格素质固然是个人的事，但它的影响却是深远的，每个教师在工作中的表现和他所做

的种种决定，无不影响到教育的质量，即学生的素质。优秀教师的魅力不仅在课堂上，在课堂之外、甚至在学生离开校园之后，都还会起一定的作用，这，就是品格的力量。

如何检验一个教师的好品格呢？最好的办法是看他在艰难的压力下是如何反应的。社会性事件的发生往往会造成困难和压力，一个好品格的教师，无论在怎样困难的情况下，都会有正确的态度、语言和行动。这是好品格教师的可敬之处。之所以这样，是因为他们选择了一条光辉的道路。可能终其一生，教师也成不了百万富翁，但他们的精神是富足的。

下面是美国优秀教师的 26 条行为守则，其中不少涉及教室的品格范畴，值得中国的教师们借鉴：

1. 记住学生姓名。

2. 注意参考以往学校对学生的评语，但不持偏见，且与辅导员联系。

3. 锻炼处理问题的能力，充满信心，热爱学生，真诚相待，富于幽默感，办事公道。

4. 认真备课，别让教学计划束缚你的手脚。

5. 合理安排课程教学，讲课时力求思路清晰、明了，突出教学重点。强调学生理解，布置作业切勿想当然，且应抄在黑板上。

6. 熟悉讲课内容，切勿要求学生掌握你所传授的全部内容。善于研究如何根据学生需要和水平进行课堂教学。

7. 教室内应有良好的教学气氛，教师应衣着整洁，上课前应在门口迎候学生，制止他们喧哗嬉闹。

8. 课前应充分准备，以防不测。

9. 严格遵守规章制度。把学校规章张贴在教室内，并解释说明，让学生知道学校规章。

10. 步调一致。对同一错误行为，采取今天从严、明天应付的态度会导致学生无所适从、厌恶反感。

11. 勿使用不能实施的威胁语言，否则将会言而无效。

12. 不能因少数学生不轨而责怪全班。

13. 不要发火。在忍耐不住时可让学生离开教室，待到心平气和时再让他们进来上课。教师应掌握一些基本原则，不能在家长面前说的话也决不能在学生面前讲。

14. 在大庭广众下让学生丢脸，并不是成功的教育形式。

15. 有规律地为班上做些好事。协助布置，充分利用公告来传达信息。注意听取学生不同反映，但应有主见，不随大流。

16. 要求学生尊敬老师，教师也需以礼相待。

17. 不要与学生过分亲热，但态度要友好，记住自己的目的是尊敬，而不是过分随便。

18. 切勿使学习成为学生的精神负担。

19. 大胆使用电话，这是对付调皮学生的有效方式。

20. 在处理学生问题时如有偏差，应敢于承认错误。

21. 避免与学生公开争论，应个别交换意见。

22. 与学生广泛接触，互相交谈。

23．避免过问或了解学生的每个细节。

24．应保持精神抖擞，老师任何举止都会影响学生的行为。

25．处理学生问题时，应与行政部门保持联系，当你智穷力竭时，会得到他们的帮助。

品格是伴人一生的事情，品格是人生和事业发展的基石。具备良好品格的教师，才能成为一名师德高尚、业务过硬、合格的人民教师。

二、坚守人文精神

教师作为知识和文化的传播者，需要专业化的技能，但更需要丰富的精神世界作基石。那么，教师应该具备什么样的精神？又应该如何建构自己的精神世界？作为人类文明的承载者、创造者和传播者，肩负着培养现代人、传播现代人文精神的重任，教师理应首先具备人文精神。

人文精神是在历史中形成和发展的，由人类优秀文化经积淀、凝聚、孕育而成的精神，是内在于主体的精神品格，体现在人们的气质和价值取向之中，它维护人的价值和尊严，追求崇高的价值理想、崇尚优良的道德情操、向往和塑造健全、完美的人格等，它不仅关怀自我价值的实现，而且关怀社会，甚至人类文明的前途。

以历史的眼光来看，中国教师有着悠久的人文精神的传统。

人文精神，是中国传统文化的根。早在春秋战国时代，华夏文化就完成了从神本向人本的过渡。孔子说"天道远，人道迩，非所及也，何以知之"，明确表达了对天道的不信任和怀疑。《周易》提出了"天行健，君子以自强不息"。这种自强不息、相信人为的精神，正是中国传统人文精神的极好写照。在儒家学说的深刻影响下，道德至上成为中国人文精神的实质。"乐得其道"、"忧道不忧贫"、"谋道不谋食""搏施民而济众""为天地立心，为生民立命，为往世继绝学，为万世开太平"是君子必备的人格境界。于是，从大教育家孔子到三味书屋的寿镜吾老先生，以"达则兼济天下"为己任的儒生们成了中国古代至近代教师群体的主体，收徒教书是另一种的"济天下"。可以说，他们是中国传统人文精神的主要载体，在其优秀代表身上我们可以看到自强不息、道德至上和积极入世的精神。"师道尊严"一说正是建筑在这种人文精神的基础之上的。

进入现代社会，人文精神的内涵发生了很大变化。中国传统人文精神始终未能超越宗法人伦的羁绊，德性是其永恒的主题；而西方的人文精神却在一次次的否定中，发生了质变与升华，人文精神的发育要丰满得多。

今天的教师，当然与时俱进，在坚守中国的人文传统的同时，更应该具备现代人文精神。现代人文精神的内容很丰富，但一般说来，主要包括：对生命的关怀和对人生幸福的追求、主体精神和自主意识、自由意识、公正意识。

对教师来说，真正拥有人文精神，并不是在口头上和文字上虚谈人文精神，而应该是在教育教学实践中最大程度地体现和落实人文精神。教师对人文精神的践行主要表现为：在由课堂生活、班级活动和日常生活等所构成的学校生活中，教师对学生、自身和教育世界的人文关怀。

教师对学生的人文关怀首先体现在对学生课堂生活的关心上。在以往的课堂生活中，教师对学生的关注更多地集中在少数学生的学业成绩上。在新课程改革背景下，教师同样要关注学生，但这种关注有别于传统课堂中对学生的关注，教师再也不能仅仅把学生作为认识客体来看待，而应把学生视作一个个认识主体、价值主体、情感主体和道德主体等；不能仅仅从学业成绩角度来评价学生，而应从整体生命发展角度来评估学生；不能仅仅关注少数学生，而应关注课堂中的每一个生命。教师在课堂生活中对学生的人文关怀不是"宏大叙事"式的，而应体现在教育教学的每一个细节中，表现在教师的举手投足间和一言一行上。教师积极的教学行为和人本化的教学言语本身就蕴涵着丰富的人文教育资源，是教师自身人文精神的真实体现，如教师公正的提问方式、负责的工作态度、正向的课堂评价等，既是教师现代人文精神的具体体现，又对学生现代人文素养的形成产生重大影响。

教师在展开教育过程、选择教学方式、安排教学内容等时都要秉持现代人文精神，坚持"以人为本"、"以学生发展为本"，既要适应和满足学生的需求，又要适度引领和提升学生的需要，以满足学生需要的方式来最大程度地促进学生的发展。教师要常常对自己进行伦理追问：教学是否考虑到了学生的整体发展状况？是否尊重了学生的生命权、健康权、自由表达权？是否公正和平等地对待了每一位学生？能否和学生进行自由的对话和交流？……在这种充满人文性的课堂中，教师既关注学生的感性生命，也关注学生的人格生命；既重视学生对物质生活的需求，也重视学生对精神生活的追求。

一天，我上科学实验课，课题是"物体的沉和浮"。我出示了生活中的例子，讲明了实验的目标，提出了实验需要验证的假设以及如何设计实验方案后，便让孩子们自己开始动手做实验，我则巡回辅导学生。绝大多数同学都非常认真地做实验，并且得出了自己的结论。

可是，有一名学生却趴在实验桌上舒舒服服地睡着了。这让我满肚子气一时无处发泄。于是，我重重地在她的实验桌上拍了一巴掌。这是，她才漫不经心地从梦中惊醒，揉了揉惺忪的眼睛，又瞪了我一眼。恼怒之极的我大声问道："实验做完了吗?"她不慌不忙地拿出实验方案放在我的面前，表示她已经做完了。我拿起来仔细一看，不禁气得噎住了。她的实验方案写着："我不会写方案，请你教教我。"

过了一会儿，我才平静下来。这时候我心平气和地问她："不会，怎么不早问呢?"

她这才轻轻地告诉我："昨天，我拉着你的衣角想问你一个问题，老师你低下头看了我一眼就走了……我平时成绩差，表现也不好，同学瞧不起我，老师你也不理我……"说着，两眼泪汪汪的。

我的心在那一刻被深深地震动了，面对一颗被我的一个动作伤害的稚嫩心灵，我简直无地自容，尽管那个动作是无心的。

从那以后，我开始注意自己的每一个动作，每一个细节，开始认识到作为一个教师，需要时刻信任学生，理解学生，并坚定关心每一个学生的信念。因为我知道，教师的每一个动作，对学生来说都是有意义的。对于期待关爱的孩子来说，老师的每一个关爱的动作，就是他们潜在的动力，老师蹲下来与孩子的交流，就给了孩子平等的信心。

这是一个小学教师的教育叙事，说明了教师的人文关怀对于学生的重要性。

如果说，在课堂生活中，教师占据了"前台"的位置，那么在班级活动和生活中，教师则更多地处于"幕后"地位。与课堂生活相比，班级活动更具有自治性、学生自主性等特点，学生在其中的主体作用可能更为显著。随着年龄的增大，学生的自主意识和能力也渐趋增强，教师要顺应学生身心发展特点，充分尊重并采取有力措施逐渐使自主权回归学生，而不是独揽大权，事无巨细地代替学生做主张。教师人文精神在学生班级活动中的实践行为主要体现为尊重、保障学生的主体地位，支持学生自主地开展班级活动、班级自治和班级民主管理，如在班级干部选举中引进竞选机制或采取轮换制度，在班级活动安排中实行招投标制度或公平分配制度，让班级中每一位成员都享有权利并承担责任。民主精神、主体精神、自主意识只有在自己自由支配的活动中才能得到培养，只有在自由的环境和氛围中才能逐渐生成。

三、遵守纪律　自我约束

教师常常要求学生遵守纪律，那么教师自己呢？

教师从事的是"育人"的工作，教师的言行举止潜移默化地影响着孩子的成长，因此在日常生活中教师要特别注意遵守规章制度，保持良好的自身形象，谨言慎行，不放纵、不浮泛，学会约束自己。作为教师，就应该遵守教师的职业纪律。

中国的学校并不缺少规章制度，如不准体罚、变相体罚学生，不准歧视学生，要减轻学生学习负担等等，作为教师应该忠实执行这些规章制度。如果教师都做不到遵守纪律和规章制度，又怎样去要求学生？

人们常说军队是最具力量的地方。军队的力量固然与枪炮有关，但铁的纪律才是一支军队真正的力量。

不妨来看巴顿将军的故事：

1943年3月6日，巴顿临危受命成为第二军军长。

他开着汽车到各个部队，深入营区。每到一个部队都要训

话，要求诸如领带、护腿、钢盔和随身武器及每天刮胡须之类的细则都要严格执行。

巴顿由此可能成为美国历史上最不受欢迎的指挥官，但是第二军却由此发生了变化，它慢慢变成了一支顽强、具有荣誉感和战斗力的部队。

巴顿可以说是美国历史上个性最强的四星上将，但他在纪律问题上，态度毫不含糊。

他深知，军队的纪律比什么都重要，军人服从纪律是职业的客观要求。

巴顿将军认为："纪律是保持部队战斗力的重要因素，也是士兵们发挥最大潜力的基本保障。所以，纪律应该是根深蒂固的，它甚至比战斗的激烈程度和死亡的可怕性质还要强烈。"

"纪律只有一种，那就是完善的纪律。假如你不执行和维护纪律，你就是潜在的杀人犯。"巴顿如此认识纪律，如此执行纪律，并要求部属也必须如此，这是他成就事业的主要原因之一。

军队如此，学校同样如此。

每一所充满活力的学校，教师都具有优良的纪律意识和行为。一所学校如果活力有余而规范不足，将不可能打造成一所真正意义上的学校。每一所"问题学生"不断出现、教学质量严重滑坡的学校，分析到最后的关键因素，往往不是师资和生源方面出了问题，而是学习纪律、学生纪律和教师纪律的问题。一些学校的所谓"人文管理"是，教师可以不准时上下班，教师除了来上课根本在学校见不着人影，教师礼仪方面也过于"不拘小节"，这样的"自由"会带来什么结果呢？千里之堤，溃于蚁穴。小事上放松自己，越放越松，到最后会一塌糊涂。比如说"迟到"，先是有事迟到，后来没事也迟到，到后来，知道要迟到，叫别人代签到。再比如说"中途离校"，先是有要事离校；后来有小事也离校，到最后，一些事本可以下班后做，但上班好像"空闲"得很，"无聊"得很，就中途离校去办了，以便下班后能更好更自由地"享受生活"。没有严格的纪律，会使学校变得一塌糊涂。

除了遵守各种规章制度外，教师礼仪也是需要注意的。教师的高尚人格不仅应当反映在内在的精神境界上，也应当体现在外在的言谈举止上。

教师在礼仪方面也应严于律己。下面是一个女教师的体会：

一、仪表。主要包括衣着发式，修饰打扮等，是教师展现在学生面前的外部形态。日常工作中，我对自身的着装及修饰等方面还是比较注重的。首先是发型，我几乎从不披散头发，一贯梳成马尾辫，简洁而利落。其次是衣着，我总会保持得又干净又整齐，衣服上没有较为明显的污渍，隔两三天便会及时更换清洗；另外，服装的式样也能做到朴素大方，协调得体。由于自己学过美术，所以在色彩的搭配上有时也会考虑的多一些，但全身的颜色一般不超过3种。每天我都要化妆，但从不把妆化得很浓，首饰也是稍作点缀即可。总之，今后的着装和修饰自己还要特别注重，特别是在校园里，要与教师的职业特点相吻合。

二、举止。它包括坐立行的姿势，以及表情动作行为习惯等。它是教师与学生交往中的"人体信号"。这要求是表现出良好的教养和振奋的神态，要与教育教学过程密切配合，发挥出最佳的辅助作用。在我看来，教师即便注重了自己的着装，但在坐立行方面却做出一些不得体的行为，也是非常难看的。所以每当穿正装的时候，我绝不随意地坐，走起路来也是稳稳当当的；而穿正装时间长了总觉得有些累，所以间隔一段时间我就会穿两天休闲一点的衣服，在穿休闲服的时候，适时放松一下，有点随意感，但也绝非肆无忌惮。

三、语言。这是教师在教育活动中使用的最主要的手段。教师的语言要规范纯洁，准确鲜明，生动幽默，要善于运用语言的力量启动学生求知的欲望，拨动学生上进的心弦，把知识和美好的感情送进学生的心田。教师的语言还要情理结合。要让学生知晓做人的基本道理，让学生在思想上认同以后再加以行为上的引导，使他们在思想、行为上不断积累，加强自己的人格素质。

四、礼仪。主要是指教师在与人交往时所表现出来的文明礼貌行为的总和。教师要通过文明的礼仪表现出应有的风度，反映出对他人应有的尊重，不但给学生以良好影响，同时也促进全社会团结互助、平等友爱、共同前进的新型人际关系的形成。开学初，我便在学生中同时开展了"四个一"工程，即：一张笑脸、一声致谢、一声问候、一句道歉。既然是教师与学生同时进行的，我想教师必定就要起好带头用，给学生做出表率。其实这里提出的"四个一"都是待人接物非常基本的礼仪常规，就说不是在学校里，对于任何人来说也是应该具备的。

教师礼仪的很多方面虽然没有形成规章制度，但需要教师约束自己，不要受社会上各种思潮的影响，自觉地按教师的职业要求来规范自己的礼仪。

卢梭说："人生而自由，却无所不在枷锁之中。"任何个人或单位，如果处在一个无规则、无纪律、无秩序的社会环境中，看似最自由，实际上是最没有自由保障的地方，也就是最没有自由的地方。纪律和自由是孪生兄弟。纪律越发达，自由越发达。

年轻的老师们，或许你对纪律也曾有过这样那样的想法、看法，那么现在不妨从另一个角度去思考——纪律就像石头，如果你把它背在身上，会痛苦无比；如果你把它垫在脚下，它会帮助你站得更高，望得更远。人，不可避免地有惰性，但因为有纪律和约束，所以我们会强迫自己不朝着更懒惰的方向发展，不使自己成为一个纯粹的享乐主义者、自由主义者，而是帮助自己朝着一个有纪律、有责任、有事业的"人"的方向发展。

四、身教胜于言传

一位作家讲述了这样的成长经历：

"小时候、父亲每天吃完晚饭后，就一声不吭地拿着一本书、一支笔、一本笔记本坐在桌前看书、不停地在小本十上写写画

画。我们兄妹几个也就不吭声地坐在那儿看书、即使有时想开个玩笑，看到父亲严肃的神情，认真的态度，便谁也不敢说话了。我们的童年、青年就是这样在一家人无语而读书中度过的。"

"若干年以后，在与父亲的交谈中，偶尔谈到小时候父亲读书记笔记的事，父亲笑笑，一言不发地从箱子里翻出几十本封面发黄的笔记本，我翻开一看，上面画满了弯弯 曲曲的符号，翻了十几本，能看懂的字不超过十个，我迷惑不解地看着父亲，父亲笑笑告诉我：'其实我根本识不了几个字，自己的名字还是在扫盲班上由扫盲老师 手把手教会的。我这样做只不过是给你们兄妹几个做个样子'"。

一位伟大的父亲用一个美丽的谎言，用一个执著的行动，引领着几个孩子走进了书的世界，靠的就是榜样，靠的就是示范，靠的就是身教。他的行为诠释了一种最重要的教育方式——身教，身教重于言教。

苏联著名教育家加里宁说："教师的一举一动都在最严格的监督之下，世界上任何人都没有受过这样严格的监督。"教师的职业特点决定了教师的劳动必然带有强烈的示范性。这是因为教师不仅在教育教学活动中与学生朝夕相处、耳濡目染，还在于学生善于模仿、具有强烈的"向师性"心理。在学生眼中，老师就是他们的楷模和典范，老师的品德、能力、爱好、行为方式等都对学生有着强烈的感染力。

在教育过程中，身教具有言教所无法比拟的强烈动情性。由于形象直观，身教就为学生的思维发展拓展了从感性到理性，从理性再到实践的认识道路，身教就容易被学生接受。

某班主任为使初入学的一年级新生形成保护教室环境的意识，规定学生每日放学前，须将各自桌椅下的纸屑拾净，才可离校，并指派一名卫生员，负责讲台四周的环境卫生。

一天放学，小朋友们正弯腰捡纸屑，老师发现唯独一名小组长正潇洒地把手插在兜里，一副袖手旁观的模样。而他的座位下的纸屑则由一名同学代劳。并且一连数日，天天如此。

于是，老师找他询问原因。那同学一脸无辜，理直气壮地说："您每次都让卫生员替您捡讲台边的纸屑，我是个组长，为什么不可以派同学为我捡纸屑呢？"老师哑然。

还有一个例子：

钱老师担任班主任工作长达30年之久，他深深知道，好的班风，好的习惯，好的集体，都将会影响到孩子的一生。因此，每接到一个班，他首先是抓好班级常规，培养学生良好的行为习惯。

开学第一天，他在给同学们提要求时，其中一点就是要求他们每节下课都要做到三个一：黑板的板面、讲台的台面和教室的地面都要擦干净，给上下一节课的老师创设一个良好的环境。几天观察下来发现他们都做得不好……"喊破嗓子，不如做出样子。"他想，教师的身教重于言教，时时注重自己的言行，会对学生形成正确的影响。想到他们才二年级，还小了点，很多事情需要手把手地教，于是边做示范边教。每天不管是早上还是中

午，他总是提前到教室，从不间断。看见地上脏了，拿扫帚扫一扫，有纸屑就随手捡起来丢进纸篓里，看到桌凳放不整齐，就亲自动手排排好；课时和课间，看见粉笔掉在地上弯下腰自己捡……，同学们看在眼里，也模仿着，他们看到贴在黑板上的生字卡片掉下来就捡起来，看见粉笔掉在地上也弯下腰……所以，他们的教室基本能保持干净，给任课老师创造一个比较舒适的环境，更给学生养成一个良好的习惯。

教师的一言一行对学生产生了很大的影响，实践证明，以身作则是思想品德教育工作中的一条规律。教师能做到这一点，就会收到事半功倍之效。因此，"身教重于言教"应该成为人民教师的座右铭。

作为一名教师，应该在学生成长道路上起到示范性的作用。那么，教师如何做才能起到身教的作用呢？

第一，高尚的师德

教师工作的特殊性决定着教师必须具有比常人更高的行为规范标准和要求。十年树木，百年树人。百年大计，教育为本。教育之本，首在教师；教师之本，则首重师德。师德源于两个方面，一是对国家、民族、子孙后代的责任感，一是对学生发自肺腑的爱心。

师德，是教师工作的精髓，可以用"献身教育，甘为人梯；热爱学生，诲人不倦；精通业务，学而不厌；互相学习，团结协作；一身正气，为人师表"概括其内涵。贯穿于学习、工作、为人、处事的所有方面。从实践的角度看，具有高尚情操、渊博学识和人格魅力的教师，会对其学生产生一辈子的影响。

第二，健康的人格

《论语·子路》中说，"其身正，不令而行；其身不正，虽令不行。"俄国教育家乌申斯基说："在教育工作中，一切都应以教师的人格为依据。因为教育力量只能从人格的活动的源泉中产生出来，任何规章制度，任何人为的机关，无论设想得如何巧妙，都不能代替教育事业中教师人格的作用。"教育教学过程实质上就是教师与学生心智和情感交流的过程，人格赋予教师的言、行、情、态等活动和形象的一种品位。教师正是以这种品位来熏陶学生的。

教师的人格要讲究诚信、公正和廉洁。一个真正有精神的教师，总是为人正大光明，办事言行一致，处世廉洁自律。一个真正有魅力的教师总是能尊重和宽容每一个学生，平等公正地对待所有的学生，让师爱的阳光照耀每一个学生，无论他们是聪明的还是愚笨的、乖巧的还是顽劣的。"公生明，廉生威"，教师在学生中的威信的建立，不是靠"老师"这个称谓带来的，更不是靠说教和体罚强迫的，而是靠教师自己的情操和品格对学生产生潜移默化的影响后自然生成的。

第三，丰富的学识

没有学生会喜欢讲课时漏洞百出的教师，也没有学生会喜欢才疏学浅的教师。作为一名教师，只有功底深厚，厚积薄发，驾轻熟就，才能征服学生，其威信才能深深地扎根于学生的心里，

才能让学生折服，进而为追求真理而奋斗不息。为了适应现代化教育的科学文化素质，教师应当是多层的、宽广的，必须是理论与实践、教学与生活相结合的教师。就是说，教师既要会教学，又要懂教育，还要能进行科研。

五、诚信为本

"今天去你家家访。"随着老师漫不经心的一句话，某学生心中紧张又高兴。终于，老师要去他家家访了，老师会说些什么呢？不及多想，孩子就跑到家中向父母宣布了这个重大消息。顿时，家中一阵忙碌。

时间一分一秒过去，天色越来越暗，孩子的父亲等得不耐烦了，疑惑地向两眼望穿秋水的儿子问道："老师真的说今天来吗，你有没有听错？""老师是说今天来。"孩子嘀咕着。直到最后，老师也没出现，父亲对着满脸委屈的儿子说道："一定是你听错了，你呀，上课就是不专心听讲。"孩子的信誉没了，他想着：老师，你怎么可以说话不算数呢！而那位老师早已忘了白天他随口说的话了。从此，他再也不相信老师的话了，把老师的话当耳边风，甚至说话做事常常出尔反尔。

这位老师有错吗，有！可是这种错每个人都会犯，有些人还常犯，因为每个人都会因为一些原因而忘了漫不经心时说的话，如果是发生在朋友之间，也许发几句牢骚就算了。但这种"小错"出现在教师身上无疑是危害严重的，可能对学生产生很大的影响。

曾子杀猪的故事我们并不陌生，他以实际行动给儿子上了一堂及其重要的人生第一课，教会了他做人的根基是诚信，又教育了多少代人。我们不妨重温这个故事：

曾子的妻子到市场上去，她的儿子要跟着一起去，一边走，一边哭。妈妈对他说："你回去，等我回来以后，杀猪给你吃。"妻子从市场回来了，曾子要捉猪来杀，他的妻子拦住他说："那不过是跟小孩子说着玩的。"曾子说："决不可以跟小孩子说着玩。小孩本来不懂事，要照父母的样子学，听父母的教导。现在你骗他，就是教孩子骗人。做妈妈的骗孩子，孩子不相信妈妈的话，那是不可能把孩子教好的。"于是曾子把猪给杀了。

无独有偶，在英国也有一个"老师吻猪"的诚信故事：

在英国南部的一所学校里，发生过这样一件令学生们兴奋不已的事。有一位老师调任一个差班的班主任，这些孩子都很调皮，爱捣蛋。老师上第一堂课，就跟他们玩，玩得天昏地暗。下课了，老师对他们说："孩子们，你们要是把学习成绩搞上去，我去吻校外牧场里的一头猪。"这些调皮的孩子问："老师，这是真的吗？"老师说："而且我要吻的是一头你们认为最大的母猪。"孩子们都希望老师去吻一头猪。从那天起，他们课堂纪律变好了，学习积极性很高，即使有贪玩的，别的孩子也会提醒："难道你不希望看到老师去吻那头大猪吗？"半年后，孩子们的学习成绩有了很大进步。圣诞节的前夜，孩子们对老师说："老师，

你可以去吻那头猪了吗?"老师说:"当然可以。"于是,老师带着这群孩子穿过公路,来到牧场。孩子们在猪圈里找到一只特大特肥的猪。老师走近那头在猪,轻轻地吻了它。孩子们在猪圈外笑得前仰后合,手舞足蹈。

诚实守信是中华民族的美德,也是师德的基本要求,是教师职业从业的基础。教师职业特性决定了,教师的不诚信行为会严重影响到学生的诚信观念和行为。因此作为一名教师,要以身作则,为人师表,要"言必信,行必果",建立起与学生间的诚信桥梁。同时在社会上也应当以身立教,坚决抵制诚信危机,维护教师队伍形象。

说到"诚信危机",绝不是危言耸听。2009 年 6～7 月,《小康》杂志联合新浪网,会同有关专家及机构,对我国"信用小康"进行了调查。其中,网络调查人数为 3376 人。经过对调查结果进行加权处理,并参照国家有关部门的监测数据和大量的社会信息,得出 2008～2009 年度中国信用小康指数为 61.1,比上年提高 0.7%。调查结果显示:国人对中国整体信用的满意度在逐年温和向好;相对企业和个人信用,政府信用更受民众的关注;更多的网友认同诚意在政府行为和企业行为中的功用,但依然有近 4 成的人并不认为人际交往中的"诚"能带来更多的幸福感和成功;最近 10 年被认为是人际信用最差的时代,而社会环境的急功近利成为主要"杀手";农民、宗教职业者、性工作者、军人和学生被网民选为最讲诚信的五个群体。房地产老板、秘书、经纪人、演艺明星和导演排在末位，成为诚信最差的五个群体。

专家指出，在最近几年里，学术腐败等情况不断被媒体曝光，导致大学教师的信用度急剧下降，并指其诚信危机带给社会和未来的危害。不过，目前的现实是，中小学的教师也面临诚信危机。

某老师要上公开课了，提前几天就三番五次地组织学生演习多遍，等其他老师或者专家、领导来听课的时候，学生必须要装出一幅虔诚、无知的样子，把本来咀嚼了多次的知识又过滤一番；国家明令禁止不得乱收费、不得占用节假日为学生补课，可大多的学校却"上有政策、下有对策"地让学生、家长签字证明自己是自愿的，学校是被逼迫的；明明是教师组织学生集体预订的教辅资料，到头来学生不得不说是自己在大街或书店里买的；学校评价教师时，学生又被打了招呼："测评的时候给老师打分高点啊！"；为了评个班长或优秀，家长有时候时要破点血本的，"礼多人不怪"的游戏规则在学校也不例外；中考或高考时，有的老师更是"关爱"有加，不是积极传授作弊的诀窍，就是动用所有关系争取指标。

更为可笑的是，据报载，有的教师为了不让后进生拖全班学生学习成绩的后退，硬要后进生进行智力测试，甚至智力正常的学生也要说成不正常，以便在考试成绩中可以不算学生数，有利于自己的年度考核。——在教师"荣誉"的光圈下，学生却为之

付出了惨痛的代价，其诚信度岂能不落于众群之下？

我们来看一则美国的教育案例：

2002 年 2 月，美国一所中学 28 名学生在完成一项生物课作业时，从互联网上抄袭了一些现成的材料，被任课女教师发现，判 28 名学生生物课得零分。他们还将面临留级的危险。在一些学生家长的抱怨和反对下，学校要求女教师提高学生的分数，女教师愤然辞职，学校有近一半的老师表示，如果学校要求老师改分数，他们也将辞职。教师们认为：教育学生成为诚实的公民比通过一门生物课的考试更为重要。社会上一些公司也要求学校公布这 28 名学生的名单，以确保公司永远不录用这些不诚实的学生。

案例中，学生抄袭作业无疑是不诚实的表现，而这位教师不仅要求学生做到诚实守信，而且自己首先做到诚实守信，坚持原则，以自身正直的道德人格力量引导和感召学生和教师。

在社会面临诚信危机时，在人们高度关注诚信问题时，教师更应追求诚信，坚守诚信，以诚信为教师职业的从业之基，走出当下的诚信危机，铸就教师职业品牌。

第三章　不断学习　与时俱进

■做一个终身学习的教师

■做一名教学研究者

■让读书成为习惯

■向学生学习

■与时俱进 勇于创新

一、做一个终身学习的教师

师者，传道授业解惑者也。要给学生一碗水，你就必须要有一桶水。因此要培养高水平的学生，要求教师学识渊博，学业精深。要保持知识的新鲜，你就必须不断地汲取营养。

在现代社会，作为教师应该有终身学习的理念。

现代社会是一个生理寿命延长，知识寿命缩短的社会。一个在某一领域很有学问，或有充足专业知识的人，如果停滞不再学习，在5~7年之间，马上就进入所谓的"知识半衰期"。换句话说，他的基础知识仍然可用，其他约有一半的人类新知则已落伍。在这种知识寿命缩短的社会，如果个人不再学习，一定落伍。如果停止学习的时间太久，则活得愈老，可用的知识愈陈旧，愈与社会脱节，愈没有活力。如果不断学习，则脑力激荡愈频繁，理念愈新，个人的生命力愈强，社会的活力也愈丰沛。

20世纪60年代以来，"学习社会"一词开始盛行于世界。学习社会就是生理寿命大为延长、知识寿命大为缩短的社会所形成的。人生已经不能截然分为接受教育及从事工作两个阶段：个人自少至老都要不断的学习。在学习社会中，终身学习变得尤为重要。从1965年开始，联合国教科文组织就倡导终身学习。我国所谓活到老，学到老的说法，显得特别有意义。

师旷是我国古代著名的音乐家。一天，师旷正为晋平公演奏，忽然听到晋平公叹气说："有很多东西我还不知道，可我现在已70多岁，再想学也太迟了吧！"师旷笑着答道："那您就赶紧点蜡烛啊。"晋平公有些不高兴："你这话什么意思？求知与点蜡烛有什么关系？答非所问！你不是故意在戏弄我吧？"师旷赶紧解释："我怎敢戏弄大王您啊！只是我听人说，年少时学习，就像走在朝阳下；壮年时学习，犹如在正午的阳光下行走；老年时学习，那便是在夜间点起蜡烛小心前行。烛光虽然微弱，比不上阳光，但总比摸黑强吧。"晋平公听了，点头称是。

教师要有足够的知识储备，必须对自己要讲的内容运用自如、得心应手，只有在这种情况下才能将自己的注意力分配给观察研究学生的学习状况和心理状况，否则就容易顾此失彼。需要注意的是，许多老师经过多年的教学，认为自己对所教内容已烂熟于心，没必要再认真努力地学什么新东西。这是非常错误的观点，一、因为知识越丰富，讲起课来就越内容生动有趣、海阔天空，而学生的思维就是适应生动有趣、海阔天空的；二、是知识是需要时时更新的，老的东西总会被淘汰的；三、就是教师在不断学习中亲身体验学习过程能更加理解学生的学习过程，在制订学习计划，实施教学过程中更容易作出符合实际的对策。总之教师永远没有理由停止学习或放松学习。

从上世纪60年代提出终身学习、终身教育的理念以来，欧盟许多国家和日本、韩国，都制定了终身学习法。各界人士在有关《国家中长期教育改革和发展规划纲要》的意见中提出，我国也应尽快

制定终身学习法。近年来，制定终身学习法或者终身教育法，成为一些全国人大代表的共识。教育部也成立了终身学习法草案起草小组，完成了前期立法调研，并形成了草案初稿及其立法说明。

这意味着，随着我国终身教育立法工作的进展，加上教师的继续教育即在职研培已经趋向制度化，教师将是最先进入终身学习体系的一个群体，终身学习已经成为教师的一种责任和义务。与普通人相比，教师的终身学习更具目的性、系统性和紧迫性。

教师终身学习的内容是什么？大体上说，一是学会学习。在当今社会，学会获取知识的方法比获取知识本身更为重要。学会学习、养成良好 的学习习惯、使学习成为自己的一种生活方式将是每一个人未来生活幸福和愉快的保证。二是通晓自己所教的学科，成为学科专家。人们越来越清楚地认识到，教师只有接受严格的、高层次的学科教育，才有可能在教学过程中应付自如、得心应手。仅仅接受中等教育和最低层次的高等教育是不可能全面掌握一门学科的。三是学习有关教育的学问。未来的教师应该是一个教育专家，在学习专业学科的同时掌握其他有关教育的学问，如心理学、教育哲学、教育技术、管理学等。四是学习信息技术。教育信息化主要强调将现代化信息技术转化为"现代教学手段"。

二、做一名教学研究者

一名优秀的教师，应该是教学能手，更是科研先锋，这样的教师，才能可持续发展，才能更好地履行自己的职责。教师应该紧密结合教学实际，立足课堂，以研究者的眼光审视和分析教学理论和教学实践中的各种问题，进行积极探究，以形成规律性的认识。

教师这个行业具有很大的特殊性，教师经验的积累，需要相当长的时间。要想获得持续性发展，适应教育改革的要求，真正成为一个有特色、有成就的老师，就需要在自己的从教生涯中不断地反思、研究和改进，从经验型教师阶段走向研究型教师阶段，然后才有可能步入最高的学者型教师阶段。

提起研究，很多人立即想到课题立项啊、论文写作啊、方法追求等等，就头疼得要命。把教学研究看的过于神秘、高大，使得大多数老师望而生畏。其实，教师的研究不同于专门研究人员的研究，我们每天都在搞研究只是无意罢了，没把日常工作中对教学问题的点点滴滴的尝试与研究挂上钩。只是一味地用他人的理论来代替自己的理论，用他人的实践来代替自己的实践，教育研究变的有问题没实践，有论文没成果，忽视了学校教学研究的实质。

教师研究与专门研究者的研究是有区别的：教师的研究目的是解决实际问题，研究的课题就是教育教学中困扰我们的问题，研究的对象就是学生、自己和课堂，研究的过程是整个教学过程，研究的成果就是学生的发展，质量的提高，把整个过程用文字表述出来就是成果。即：教师即专家，问题即课题，教学即研究，效果即成果。

教师只要增强自己的科研意识，把自己的课堂、班级当成自

己的"实验室"、"试验田",并投入精力去做,就一定能使自己变科研的局外人为局内人,变可能性为现实性,实现经验型向科研型的转变。

教师进行研究的主要方式是校本行动研究。

校本行动研究从基本理念来看,与校本培训、校本课程、校本管理等完全一致,都充分体现了"基于学校、通过学校、为了学校"的主要思想,它的基本特征为:它使学校生活中每日每时发生的平凡事件,教师和学生的生存状态、生活情景,常态中的教学行为,教学现象和教学细节成为研究的主体内容。"解决问题"的教学过程就是行动研究的过程。

行动研究的价值追求主要是解决实践问题,并使教师在研究中获得发展,至于是否能为教育理论的创新添砖加瓦则在其次。因此,教师搞研究要从身边的问题入手。

1. 选择和确定研究课题:

研究的开始先要找问题。选择一个我们在教育学生当中感到非常困惑的问题,如:低年级如何开展合作学习,如何提高差生的学习兴趣,如何指导学生探究性学习,在大班额情况下如何照顾学生的差异,怎样提高小组讨论的有效性等等,这些问题没有现成的答案,需要教师去探索、去研究。

对问题的选择要"小、实、活"。当然,教育实践中的问题有大有小,教师要根据自己的时间和精力恰当选择,在选题上总的要求是宜小不宜大,宜实不宜虚,宜活不宜死。就是说应尽量选择小课题，以小见大，做深做透，而不要大题小做，浮光掠影，要选择实实在在的具体问题，不选择抽象空泛的问题，要随着改革的发展灵活选题，也可以根据实际研究需要对原课题的内涵做适当调整，而不要故步自封，一成不变。

2．分析和表达问题：

问题分析越清晰，表述越具体，越有操作性。选中问题就是选中了课题，研究的第一步就是要对比较笼统、模糊的问题做进一步分析，抓住最关键的因素，对症下药。如对语文学习兴趣，可分析为：作文兴趣，写字兴趣，作业兴趣等等，作文兴趣又可分为：观察兴趣，修改兴趣，课外阅读兴趣等，这样一路盘剥下来，病根就被我们找到了，然后抓住一点，进行研究。

3．拟订解决问题的可能策略：

针对具体化的问题，基于对原因的分析，进行思考：有哪些可能的办法能解决它？在已有经验中寻求，也可以学习相关理论，逐一列出可能解决的办法，选出最佳方案，确定实施计划。

4．实践尝试解决问题的策略：

教师的研究方式是行动研究，即在教学实践中尝试解决问题的策略。这种实践可以是对个案如一个问题、一个学生、一堂课的研究，也可以是整体的研究，时间可长可短，直到问题解决。

针对教师研究工作的特点和当前课改工作的需要，我们特别倡导进行个案研究，此种研究可以对对象进行全面深入的研究，这种研究范围小，时间也相对短一些，操作性强。在新的课改

中，由于教学理念的转化，课堂教学要进行全面深入的变革，许多教师对此感到困惑，以一节课作为一个研究的个案，组织教师进行深入研究，对教师如何改革课堂教学会有很大的帮助。个案研究对于教师来说看得见摸得着，贴近教师的实际工作，也有助于教师通过个案将教育理论和实践很好地结合起来。个案研究最大的好处是能帮助教师解决自己身边的问题。

另外，在行动研究中要注意观察、收集资料。做教育的有心人，时刻保持一颗对问题敏感的心；对问题的经常思考，我们眼里有问题，就会有解决问题的智慧。对上课的例子、感受立刻记下来，"勤"会让我们受益无穷。不要等到写总结的时候，那些在研究过程中曾经使我们感动的事例、真切的感受都成了昨日的记忆，早没了鲜活的味道了。

在解决问题之后，教师需要将问题的提出和解决的整个过程叙述出来，如何表达研究结果？它决不是论文写作这一种形式。像调查报告、教学案例、教学反思、教学总结；教后记，教学日记，教学随笔等，我们可以根据自己的研究特点自由选用。表达结果要从最细微出着手，细心思考，把自己的课堂智慧，案例、教学感想切实的表达出来，这就是自己研究的足迹，成长的梯子。

有些教师写作论文时，往往喜欢宏大、神秘，层层包含，一味追求对"大道理"的谈论，使研究结果的表述变得空泛，缺少生命力。校本研究的方式决定了结果的表述方式不同于一般意义上的理论写作，所以"教育叙事"成为行动研究结果表述采用最多的方式。教育叙事，即叙述教育教学中的真实情境、过程。教育叙事研究是研究者以叙事、讲故事的方式表达对教育的理解和解释。教师叙述教育故事不是为了炫耀某种研究成果，它的最主要的目的是通过自我叙述来反思自己的教育生活，并在反思中改进自己的教育实践，重建自己的教学思维。一项好的教育叙事研究，不仅是教师自身心路历程的真实反映，同时也是其他教师借以反思自身的基础和对照学习的镜子。

下面是一个进行"小现象、小策略"校本行动研究的例子：

"开学一周了，大家最经常遇到的问题是什么？"老师们七嘴八舌，谈了很多：学生上课时不能安静听讲、准备整队时前后左右随意说话、课间操部分学生只顾说话不认真做操……这是某小学一年级组 11 位老师参加研究活动的一个情景。

在这次研究活动中，所有老师讨论后一致同意把"学生随意说话怎么办"定位研究课题。怎么应对这帮淘气的学生？一些有经验的老师介绍了"讲故事"法、"儿歌法"等，最后大家总结出 6 个小策略。这次活动后，老师们尝试把这些小策略应用起来，起到了一定作用。但仅仅过了 3 天，又有老师提出问题："学生只想听我的故事，一上课就大叫'老师讲个故事吧'，一节课经常被学生打断，影响了教学任务的完成。"

面对这些新问题，怎么办？老师们又进行了一次交流，并总结出一些策略。"问题—反思—策略—实践—新问题—再反思—新策略—再实践"，就是在这样的研究历程中，教师们从"学生作业不能

按时完成"、"课堂上学生不发言"等教学小现象入手，开始研究解决这些小现象中存在问题的小策略，系统开发、积累成策略库，供教师们共享。为了促进反思和分享，每一项策略都建立在一个教学小故事上，校长负责将教师的故事收集起来，每个月对每一位教师的故事点评一次，帮助教师从故事中发现问题、找出原因，并共同找出应对策略，有效引领了教师的发展。

教师所进行的"钻"不存在于教育教学活动之外，也不是在另外的时间和空间做另外的事情，而是在日常的教育教学活动中，为改进教育教学效果而进行的一项必备工作。也就是说，教师是在教育教学中研究，在研究中进行教育教学。教师可以根据自己的时间和精力恰当选择，在选题上应尽量选择小课题，实实在在的具体问题，也可以根据实际研究需要对原题做适当调整。

一些教师提出了"在研究的状态下工作"的自我要求，是教师进行研究工作的新境界，它的优点在于觉醒了教师的专业自主意识，彰显了教育科研在教育教学工作中的价值，有助于克服盲目的、无意识的教育教学活动。

苏联著名教育实践家苏霍姆林斯基说："如果你想让教师的工作能给教师一些乐趣，使天天上课不致变成单调乏味的义务，那么就引导每一位教师走上从事一些研究的这条道路上来。"教师不能仅仅用知识，更要用自己的思想、智慧、情感、精神去工作，教师就必须不断学习，不断研究。因为研究，所面对的问题才能不断解决，才能成为名副其实的专家型教师。

三、让读书成为习惯

读书是教师善于学习的最好表现。读书不但能够帮助我们领悟艰深的知识，明白做人的道理，更能了解人类历史的进程，令我们更有智慧去面对、克服困难。所以，读书应该成为我们教师的一种好习惯。

读书对于教师的重要性不言而喻。问题在于，这是一个飞速变化的时代，一个浮躁的时代。不读书的人似乎越来越多，教师中能坚持读书的又有多少？人们在为"今天的教师不读书"这种现象担忧。有人总结出如今教师不读书的几个原因：

一、不想读书。社会充满各种物质诱惑，有很强的功利主义氛围，很少有人能安心下来读书，即便读书也有功利目标，为拿文凭，为晋级，为获取更大的物质利益。另一方面工作压力大，现在教师越来越难当了，教师头上压着至少三座山：学生、家长、校领导，每次考试后，名次一旦落后，学生、家长、校领导看自己眼神都不一样，教师心里也不是滋味。在这样的压力下，教师只能选择与教学密切相关的教本、习题集，哪有心思去读所谓的"闲书"。

二、认为读书无用。现在的中小学教育，仍是追求升学率的教育，是应试教育，学生的人文素质、审美意识、未来发展都不是学校教育关注的事情。而教师的最高任务就是让学生在考试中考出好成绩。在老师方面，是以考试分数论英雄，自然会把主要

精力用在钻研各种考试试题，用在给学生布置大量作业上，用在各种考试技巧上，不会用在与考试无关的课外阅读上。

三、不会读书。现在的教师，多数是从应试教育的体制下培养出来的，并没有养成读书的习惯，不少教师自己就就不会读书，书拿到手里，根本读不进去，不知该如何去读。当然，责任不在教师，而在于教育体制，是多年应试教育制度造成了几代人不读书的现状。

这种总结也许有些偏激，可能"冤枉"了许多仍在坚持读书的老师，和许多非常想读但确实抽不出时间的老师，但反映出的现实却令人深思。现在的教师不读书，又有可能影响后面几代人不读书，这是十分可悲的事情。只有改变目前的教育现状，改变广大教师的育人目的，逐渐培养广大教师养成读书的良好习惯，才能改变广大教师不读书的现状。也只有这样，才有可能培养下一代养成读书的良好习惯，逐渐形成全社会读书的习惯。

威廉·奥斯罗爵士是当代最伟大的内科医生之一。人们认为，他的杰出成就不单单是由于他有着渊博的医学知识和深刻的洞察力，而且因为他具有丰富的一般知识。他是一位很有文化素养的人。他对人类历代的成就和思想成果很感兴趣。他很清楚要了解人类最杰出成就的唯一方法是读前人写下的东西。但是，如何把读书坚持下去呢？

奥斯罗很早就想出了解决这个问题的办法。他把每天睡觉前的 15 分钟用来读书。如果就寝的时间定为晚上 11 点，他就从 11

点读到 11 点 15 分。如果研究工作进行到两点，那么，他就从 2 点读到 2 点 15 分，他一旦规定这么做，在整个一生中就再不破例。有证据说明，在一段时间之后，他如果不读上 15 分钟书就简直无法入睡。

在奥斯罗的一生中，他读了数量相当可观的书籍。半个世纪，每日阅读 15 分钟，算算看，这总共是多少本书。除医学专业以外，奥斯罗涉及猎范围十分广泛。由于他养成了每天阅读 15 分钟的习惯，他得以在专业之外，发展了他的业余专长。他极好的解答了我们每一个工作繁忙的人必须回答的问题——如何才能找到时间读书。

奥斯罗读书的故事说明了一个道理：读书源于一种习惯。也许刚开始需要下很大的决心，需要毅力，一旦坚持下来，就会成为习惯。

许多教师开始工作时，基本是站在同一条起跑线上，但 5 年 10 年后业务上就拉开了距离。落后者一个很重要的原因就是，在业余时间没有养成读书学习的习惯。

一项调查显示，目前教师的阅读状况出现了新的趋势，教师们对图书馆的利用非常有限，而网上阅读日益成为教师阅读的新形式。网上阅读自有其优势，但值得注意的是，网上阅读是把双刃剑。过度依赖网上的视频、图像信息，会降低对纸质媒体的阅读兴趣，可能导致思维的简单化、平面化，思考、创新、质疑能力将逐渐减退。而且，网上阅读有时候支离破碎，不成系统，也

不适于个人深刻的反思。

教师在网上阅读时，要注意和网下阅读的配合，不能一味依赖网上阅读。目前，许多老师普遍被网络的浅阅读所影响，导致阅读质量大大降低，从效果上与最初学习新知的想法背道而驰。

著名教育专家朱永新教授在2003年全国"两会"期间，提了一个设立我国"读书节"的提案，受到了"两会"代表的广泛关注。他倡导的建"书香校园"实验活动，大大推动了广大教师的读书热情。尤其是朱教授提出的教师"必须读一百本书"的目标、每年推荐的"教师必读书目"，对教师的读书是一种很具体、很有效的指导。朱教授在谈到读书与教师成长时曾这样说道：

人类千年的教育历史中，创造和积累了许多宝贵的教育思想财富。这些财富保存的载体主要就是教育的经典著作，阅读经典，与过去的教育家对话，是教师成长的基本条件，也是教师教育思想形成与发展的基础。教育智慧的形成，在一定意义上说，就是跨越由这些经典构成的桥梁的过程。这是一个不可超越的过程。人类的教育虽然不断变迁与发展，但是教育的根本不会变化，教育培养人的功能不会变化，教育过程的内在规律不会变化。如教育创新，虽然是我们这个时代的主旋律之一，但是对于创新教育的论述，现在可能并没有超过陶行知。因此，现代的许多教育新思想，其实只不过是用我们这个时代的语言和案例与过去的大师对话而已。

教师读书不仅是寻求教育思想的营养，教育智慧的源头，也是情感与意志的冲击与交流。从过去的教育家的著作中，教师可以学习的东西很多。有心的教师会认真阅读教育的重要文献，认真学习不同时代教育家的人生理想与人格力量。读书会让我们的教师更加善于思考，更加远离浮躁，从而让我们的教师更加有教育的智慧，让我们的教育更加美丽。

从这段话可以看出，朱教授比较重视教师对于教育的经典著作的阅读，应该说是切中时弊，这个观点尤其值得教师们学习和思考。要成为一名优秀教师，要养成这样几个阅读习惯：

第一，有计划地阅读。每学期系统地阅读一两本教育专业著作，并对自己所从事的专业领域保持高度关注，充分占有该领域的新信息、新观念、新策略、新问题。第二，且读且思，带着问题阅读。阅读不是休闲，而是思考。带着问题阅读，能极大提高阅读的目的和效率。第三，做好读书笔记。好记性不如烂笔头。在读书的过程中，把能够引发自己思考的观点记下来，把自己的想法写下来。第四，交流与分享。要和人交流阅读的体会，分享阅读的快乐。

当然，读什么和怎么读是可以慢慢探索的，最要紧的是去阅读，养成阅读习惯。在此基础上逐渐提升阅读趣味和品位，毕竟阅读从来都是一个循序渐进、由粗到精的过程。

四、向学生学习

我班有一个男孩，他走不稳路，说不清话，双手扭曲。这是他小时候得病留下的后遗症。然而，在我们这个温暖的班级里，他有着阳光般的笑容。

说实话，起初我看到这个男孩时心里也感到有点别扭，是学生们纯洁无瑕的心改变了我对他的态度。

课下，同学们乐意与他做简单的游戏，开心的笑声荡漾在每个人的周围；他说话时，大家立即停止欢笑，看着他，大声鼓励："张大口，说出来！"他刚艰难地吐出几个字，大家便迫不及待地鼓起掌；每当他上下楼时，总有同学跑过来，小心翼翼地扶着他；班级排位，有几个同学很乐意做他的同桌……看得出同学们有多爱他，他感到快乐和温暖。

多好的学生啊！作为他们的老师，我感到骄傲，同时又为自己感到惭愧。

这是一个小学老师讲述的故事。他感慨道：我们不容易做到的事情学生做到了。学生的心地很单纯，很洁净，他们享受着爱，也爱着别人。他们是我们真正的爱的老师。

学生也是老师，教师也要向学生学习。这并不是一件矛盾的事。

教育者最基本的素质就是真实，儿童犹如一张洁白的纸，没有被世俗所污染，没有被时间的流水所打磨。他们想到什么说什么，没有丝毫的顾虑，他们所说的就是他自己想要表达的。作为成人的老师，要注意向孩子们学习这种直率和真实的品质。

孩子们的单纯善良、乐观向上、严肃认真，都值得老师去发现和学习。比如，你刚刚大发雷霆批评了一个小捣蛋，可不到两分钟灿烂的笑容又绽放在他的脸上。也许你会说，这孩子脸皮厚；也许你会想，这次教育没给孩子留下印象，需要把孩子叫过来再批一顿。其实，你想过没有，这也许就是孩子的天性，是一种无忧无虑的、乐观的心态！而作为成人的你，是否已经丢失了这种无忧无虑的乐观心态？

成为教师是一项复杂的过程，其中充满着冲突、挑战、怀疑和矛盾。当一个老师，在其教学生涯中肯定尝试过各种的酸、甜、苦、辣的滋味，有喜有忧、有笑有泪。当一个教师要想获得进步，品尝成功的喜悦，就不只是多学习与多看书那么简单，而是在自己的工作实践中要不断寻找成功与失败的原因，不断总结，不断学习，不断反思，不断改进自己的不足，力求使自己的工作做得更完美。教师的工作是一门充满学问、艰苦而又具有挑战性的工作，需要师生之间相互合作、相互交融、相互理解、相互配合才能完成。

成功的教师除了自己具有渊博的知识外，还要善于向学生学习。每一个老师都不是万能的，面面俱到的，而当今科学技术日新月异，或许老师还未来得及捕捉的信息，学生已比老师先捕捉

到了，老师要放下架子善于与学生交流，互相学习，不要把自己摆在高高的位置上，放下自己的偏见，寻找学生的特殊能力，把学生当成学习的资源，敢于向学生请教，获取教学以外的信息。

提倡教师向学生学习，还是一种观念的变化。以往，"老师"是一种权威的化身，尤其在小学，但是，随着历史的进步、社会的发展，教师不仅要研究如何育人质量，而且应该静下心来走进学生的心灵，改变传统的师生关系，建立、健全现代的师生关系，构建和谐、平等的师生关系。新课程改革的一项重要精神就是教师和学生应是平等的合作者，要彼此尊重，互相信赖，互相学习。要想真正成为学生的合作者，共建和谐的教学氛围，作为一名教师，不仅要思考教给学生什么，还应当想想向学生学习什么这个问题。

在学习《蛇与庄稼》这篇课文时，学生向陈老师提出了这样一个问题："猫头鹰也是捕捉田鼠的能手，老农为什么不用猫头鹰捕捉田鼠，而要用蛇？"学生这个问题提得好，但陈老师一时无法正确回答。还是学生替他解了围，他们的回答归纳起来是这样：猫头鹰也是捕捉田鼠的能手，但猫头鹰十分稀少，又不易捉到，而蛇在夏天比较容易捉到。其次，猫头鹰活动范围广，它会飞到别处去，不一定停留在你指定的范围内，为你捕捉田鼠，而蛇的活动范围小，放到田地后就能达到预期效果。通过比较，陈老师和同学们知道了用蛇捕捉田鼠是最佳方案。同学们这些回答，使他心底里感到高兴。

分析完课文后，陈老师让同学们结合所学知识联系生活实际，举出其他事物之间的联系。有的同学举出了青蛙捉害虫，而后庄稼获丰收的例子，得出了"青蛙多→害虫少→庄稼旺→收获多"的联系。也有同学举出本村的一青年聚众赌博，把钱输光了，然后去偷，结果犯法被公安机关抓获的事例。得出了"赌博→没钱→偷窃→入狱"的联系。

同学们举出的这些事例，有些老师根本没有想到，说明他们也有丰富的知识。他们的知识就是来自于现实生活，来自于平时的积累。

有些老师认为学生人生经验欠缺，爱用自己的经验在学生面前树立"权威"形象，把学生当成廉价的听众，去倾销自己对教材的理解和认识。事实上，学生也有属于自己的经验，老师的经验和学生的经验应该是一种绝对的统治和服从的关系，还是一种平等对话的关系，值得教师们思考。

一位小学数学教师，在教学生运用题的过程中，出了这么一个题目："一班小朋友送了二班小朋友15朵小红花，现在还有25朵小红花，一班原来有多少朵小红花？"

小学生习惯于"送出东西是拿走"，所以始终认为应该列减法的算式，老师费了九牛二虎之力也没有办法让学生改变固有思维，正在老师焦头烂额的时候，一位小朋友站起来："老师，一班小朋友送了二班小朋友15朵小红花，现在一班小朋友不送了，他们又要了回来，现有的25朵小红花和要回来15朵小红花放在一起，我觉得该用加法。"老师如获至宝，眼里充满了兴奋和感激。

为什么老师想不到"要回来"？因为在成人的生活世界里，一般是没有送出去的东西再要回来的经验。而小孩在活动中、在游戏中随着情感的变化，经常发生着送出去的东西又要回来的故事，小孩生活在这种生活经验中。

教师要对学生的经验施加影响，就必须进入学生的经验系统和话语系统，以学生的经验和话语为基础，就必须学会向学生学习。多让学生动口说一说，动脑想一想，动手做一做，放手让学生做课堂的主人。在向学生学习过程中，教师获得了新的经验，获得新的人生感悟。

五、与时俱进　勇于创新

1993 年美国大选中，克林顿曾经说过一句话："我们要改变游戏规则……"而布什总统却说："我有丰富的经验！"有人这样做出结论：说布什会落败的一个重要原因，是输在"往后看"，而不是"向前看"。经验的东西都属于"往后看"的，从这个意义上说，创新才是最大的赢家。

作为一个优秀教师，也需要树立起与时俱进的创新教育理念。

研究证明，学生的创造性与教师有密切关系。如果教师具有很大的创造潜力，那么，有才能的学生将会获得辉煌的成绩。可见，具有创新教育理念和实践的教师对于培养创新性学生关系极大。创新，是 21 世纪信息时代对教师素养提出的新要求，在当前要重视与推广创新型教师这一概念。

关于创新型教师的特征，有许多学者作过论述。如，美国学者史密斯认为：所谓创新型教师，就是那些善于吸收最新教育科学成果，将其积极运用于教学中，并且有独特见解，能够发现行之有效的新教学方法的教师。

对于创新型教师来说，不仅要进行知识技能创新，更重要的是必须实现自身人格的创新。这种人格的创新主要表现在：

（1）具有开放性——敢于开放自我。对于来自各方面的经验信息都是开放的，都能够宽容的对待、正确的理解和接受，而不是固守一己之见，闭关自守，对新的经验信息予以歧视和拒绝。

（2）具有主体性——正确地认识和接受自我。要把别人的经验信息与自己的经验相比较，客观地认识自己的优势和特长，诚实而平静地检讨自己的不足，而不是妄自尊大，不接受现实的自我。

（3）具有创新性——勇于实践创新，改变自我。这是创新型人格的核心特征。要合理地发挥自己的、优势和特长，善于吸收他人的成功经验，克服自己的不足之处，并且能不断获得新的成功经验，从而不断地完善自己，而不是妄自菲薄，安于现状，不思进取，误人子弟。

（4）具有社会协同性——善于与社会"兼容"，善于进行自我心理调适。这是一个人安身立足和发展创新的必要条件。对于教师来说，具有社会协同性人格主要表现在注重关心他人特别是学生的需要，使学生有安全感、满足感；能经常和学生沟通意见，善于倾

听，学会欣赏学生，能与学生分享快乐，分担和排解忧愁。

"分类"教学片断：

师：同学们，今天帮我做一件事情好吗（于是教师托起一个小瓷碗，碗内盛有玉米花生、大豆、小米等混合了的粮食）

生（齐说）：好！

师（一手指着瓷碗）：这里边的粮食都混杂在一起了，下面我就请同学们帮我挑一挑分一分。（老师边走边给每个小组抓出一把。活动开始了，几分钟过后反馈）

师：哪个小组的同学先说呢？

小组1：我们是这样挑选出来的。一个拣玉米，一个拣花生，一个拣大豆，一个拣小米。（用手指着身边的学生）她没拣，是等到最后把小米堆起来的。

小组2：我们是这样分的，先一起拣玉米，再一起拣花生，再一起拣大豆，小米不用拣了，剩下的都是。

小组3：我们是花生放一块，大豆放一块，玉米放一块，小米放一块。

师：其他组是这样分的吗？

生（齐答）：是。

师：你们都是把相同的粮食放在一起，其实你们这些做法在数学上叫分类，分出的玉米是一类，大豆是一类，花生是一类，小米是一类，可是，我发现你们在分类时为什么都是把小米放在最后分呢？

生（抢答）：小米太小，不好拣。

生：先拣大的分得快，剩下的小米就不用拣了。

师：看来我们不只会分类，而且还注意到了分类的方法和技巧。

师：同学们想想，在生活中还有哪些事物需要分类？是按什么标准分类的？

学生举了很多实例，气氛异常活跃……

【评析】教材中对分类提供的素材仅是一些学习用品和体育用品，教师在教学设计中，不拘泥于教材中提供的素材，而采用学生常见的粮食作物作为探究问题的素材，这样设计非常符合乡村教学环境，一则取材便利，二则学生熟知，三则隐含着一种怎么分的学习方法。说明这位教师在创造性使用教材方面迈出了可喜的一步。课堂的成功很大程度上取决于教师的创新。

创新型教师在课堂时间管理行为上，倾向于让学生多活动，给大多数学生创造参与的机会，让每一堂课都充满创新活力。创新型教师掌握了教学艺术，就能把教学安排得生动活泼、有声有色、趣味横生，不断赋予教学以新意和活力，使每一学生的创造性充分发挥出来，使他们享受到脑力劳动中的成功的乐趣。教育学专家总结了创新型教师的教学艺术，以下列举了其中有利于学生创造能力培养的12条方法：

（1）培养学生主动地学习。创新型的教师十分注重启发学生的思维，鼓励他们自己发现问题，提出假设并亲自实践。

一 | 第三章 不断学习与时俱进

（2）放弃权威态度，在班上倡导学生相互合作，相互支持，使集体创造力得以发挥。

（3）鼓励学生广泛涉猎，开阔视野，使学生对知识加深理解，灵活运用。

（4）对学生进行专门的创新思维训练。譬如，鼓励学生回忆和自己联想；区分不同问题并发现相关关系，鼓励学生提出自己主张；鼓励学生编故事，做智力游戏等。

（5）延迟判断。创新型教师往往不立即对学生的创新结构予以评判，而是给他们足够时间去创造。

（6）发展学生思维灵活性。帮助学生学会从不同角度看待、分析和理解问题，而不墨守成规。

（7）鼓励学生独立评价。即用自己的标准评价别人的想法。

（8）训练学生的感觉敏锐性。使学生对他人的感觉、情绪、视听的印象，以及对社会和个人等各种问题具有敏锐的洞察力。

（9）重视提问。创新型教师往往对学生的提问表现出浓厚的兴趣，并认真对待。同时，他们自己也提出一些不拘泥于课本的问题，以刺激学生的思维。

（10）尽可能创造多种条件，让学生接触各种不同的概念、观念以及材料、工具等。与不同事物的接触会促进学生的创造力。

（11）注重对学生挫折忍受力的培养。

（12）注重整体机构。创新型教师注重知识各组成部分的联系，不是机械地、零散地、无联系地传授给学生知识，而是把知识系统传授给学生。

教师的教学面对的是全班学生，因此，教师还负有管理的任务。教师对班集体和学生管理的中心原则是，努力创设并维护一种易于使创造力的以表现的师生关系、同伴关系及班级风气，使学生的创新潜能得到最充分的发挥。

对于创设有利于学生创造力发展的班集体良好气氛与关系，我国台湾学者贾馥茗提出，创新型教师十分重视以下几个方面：

（1）使学生相信，教师并不是具有最高创造力的人，即学生有可能超过老师。

（2）公平地对待每一位同学。

（3）对敢于提出意见的学生表示赞许。

（4）对学生提出的新奇意见予以重视，并鼓励学生对其独特之处进行分析。

（5）对学生自发提出的问题，教师不先行解答，而是鼓励学生进行思考，共同寻求办法。

（6）鼓励学生互相讨论问题，制止相互间的攻击、嘲讽和贬损态度。

（7）适时地参加学生的讨论，以平等的态度与学生共同交换想法，使学生忘却师生界限，师生双方完全以探讨和解决问题为中心。

（8）对于爱表现的学生的讨论，一方面肯定他们帮助他人和与人合作的行为，另一方面也要向他们指出，应给别人留有表现的机会。

（9）对表现不好的学生，尽量利用各种时机，鼓励其进行创造性的表现，使其有同别人相等的表现机会。

（10）注意避免因鼓励学生独立、自由地思考和表现而使整个集体处于涣散、松懈的状态。

总之，创新型教师的管理才干，体现为鼓励和促进学生的创造性表现，创设良好的班级气氛和师生关系，给每个学生以机会，使每个人都在这种气氛中发掘出最大的创新潜能。

第四章　关爱学生

■关爱学生是教师职业道德

■爱是成功教育的基石

■严格要求也是关爱

■教师和学生　"早起早坐"

■平等对待每一个学生

一、关爱学生是教师职业道德

《中小学教师职业道德规范》共有六条：一、爱国守法；二、爱岗敬业；三、关爱学生；四、教书育人；五、为人师表；六、终身学习。六条中，"关爱学生"是核心。

"关爱学生"的具体内容是：关心爱护全体学生，尊重学生人格，平等公正对待学生，对学生严慈相济，做学生良师益友，保护学生安全，关心学生健康，维护学生权益。不讽刺、挖苦、歧视学生，不体罚或变相体罚学生。

美国著名咨询专家、交互分析疗法的创始人伯尔尼认为：人皆渴望得到他人对自我的爱护与肯定，特别是得到自己生活中重要人物（如父母、师长、领导、朋友、爱人等）的爱护与肯定。这是人性之本，也是人格成长的需要。因为个人成长中，得到他人的关爱与肯定越多，则人格冲突就越少，自信心就越强。因此，关爱学生也就成为教师施教过程中一个必不可少的核心内容。

爱学生是一种责任

别林斯基说："教育者多么伟大，多么重要，多么神圣，因为人的一生幸福都操在他的手里"。这说明作为教育者的教师，不仅仅是文化知识的传授者，更是学生一生幸福的营造者。在整个教学过程中教师的身份决定了教师的态度和行为在学生心目中的"分量"。教师的态度和行为，不仅传递着某种感情和评价信息，也给学生暗示着归因的取向，所以教师必须有一个清醒的认识：关爱学生是一种责任。教师对学生的任何一种漠视与忽略，损害的都是学生个人的健康发展，影响的将是一个民族的公民素质和未来的希望。因此，教师必须要有浓厚的人文关怀精神，要对学生的成长怀有强烈的责任感，这样才无愧于民族、历史赋予教师的职责。

关爱学生是一种牺牲

人们经常赞美教师是"人类灵魂的工程师"，把教师比作"红烛"、"春蚕"，是因为教师的工作所构建的是整个人类精神文明的殿堂，创造的价值与获取的回报无法用等比来度量。"红烛"是在用燃烧自己的青春而为别人照路；"春蚕"是把生命化为丝缕吐尽之后，来完成自己的生命价值。这就说明，奉献和牺牲是教师职业的一个显著特征。关爱学生也就当然要以牺牲自身的某些利益作为前提了。

要真正做到去关爱学生，就必须从内心深处去考虑学生的需要，从心理上和行动上去帮助他们解决实际问题，决不就是简单地找学生谈一两次心，做一两次家访，而是一项无声无息地、没有终结的工作，这就需要教师付出许多时间、精力，失去很多的名利和机会。有时还会付出自己的所谓"尊严"以及家人、亲友之间的融洽和快乐。这就还需要我们教师能守一份淡泊，以一种超然平和的心境去面对纷繁的世界，拒绝许多绚丽多彩的诱惑。只有这样，才不会因为学生的分数不高影响自己的"声誉"

而怨恨，不会因为学生的"品行差"影响自己的"荣誉"面愤怒，不会因为自己的劳动不被人承认或者得不到相应的回报而烦恼，也不会为功名得禄而动容……

关爱学生是一种意志

人是社会的人，学生也是一样，他们都是有理想、有情感，有自己的是非观、价值观的活生生的人。由于家庭教育、社会环境、个人认识水平、认知能力的差异，在接受教育、成长过程中都表现出不同的个性特征，教师在针对这不同的群体施以关心和爱护的时候，也会呈现出各种不同的结果。教师难免会产生困惑、焦虑和失望。这就要我们的教师用一种意志来支撑我们的工作。

首先，是要有勇气：敢于面对困难，敢于接纳学生，包括他们的缺点（甚至"劣迹"），接纳他们的痛苦与不幸；还要敢于面对一切落后的或者习惯势力对你的挑战；面对你在坚持原则，贯彻先进教育思想，执行法纪法规时可能遇到的各种阻力和打击；面对各种伤痛和失败。

其次，还要树立起一种信心，相信世界是美好的，相信自己的工作一定会收到成效。面对挫折，不气馁、不退缩，相信自己的爱心与真情能化解学生心灵的冰霜；相信自己的抚慰能减轻学生精神的重负；相信自己的引导和呼唤，能让迷途的学生走上回归的路。

此外，还需要有满腔的热情，足够的耐心和坚忍不拔的毅力。教师只有具备了这样一种意志，"关爱"才会在教育领域里熠熠生辉。

关爱是人类情感的精华，是心灵正常沟通的先决，教师对学生的影响是任何教科书、任何道德箴言、任何惩罚和奖励制度都不能代替的一种教育力量。

没有关爱，老师永远走不进学生的心灵。只有以真挚的情感，才能走进学生的心灵，引导学生学会生活、学习。

作为一名教师，能否全身心地去关爱学生，是其职业道德水准的体现，也是教师的一种道德境界。

二、爱是成功教育的基石

我国现代文化史上著名的文章家、出版家和语文教育家夏丏尊先生说过："没有爱，就没有教育。"他在把《爱的教育》翻译成中文时，曾在序言中写道：

"学校教育到了现在，真空虚极了。单从外形的制度上、方法上，走马灯似的更变迎合，而于教育的生命的某物，从未闻有人培养顾及。好像掘池，有人说四方形好，有人又说圆形好，朝三暮四地改个不休，而于池之所以为池的要素的水，反无人注意。教育的水是什么？就是情，就是爱。教育没有了情爱，就成了无水的池，任你四方形也罢，圆形也罢，总逃不了一个空虚。"

从夏先生的话语中，我们可以看出，教育风格可以各有千秋，但"爱"却是永恒的主题。

教育，不仅仅只靠热情，关爱学生也不仅仅是一种付出和给

予，它包含着丰富和内容，充满了智慧和灵性。影响教育的效果主要因素包括教育者所选的内容与方式是否贴近和符合受教育者的身心实际；在什么时候，用什么样的方式，对学生装施以什么样的关爱，教师的意愿通过什么途径和形式来表达，也将体现教师的一种智慧 ——会爱。

夸大其词的责怪会让学生过于内疚和羞愧，而不一定能促使其改正错误；言过其实的溢美之词也会让学生自大或自满，从而失去进取心；不恰当的帮助和爱抚会让学生认为老师看不起自己，让学生的自尊心受到损伤。所以对学生的关心、爱护、帮助也要机智、灵活，适时适度。

此外，教师也要学会宽容和谅解，不要用成人的标准去判别一个学生的行为，也不要事事追求完美。教师要明白到，过失与遗憾同样是生活中的另一种精彩。学生从"失败"、"挫折"和"过失"中会变是成熟起来，教师只需在这些过程中细心引导，让学生自觉地学会生活，学会做人。

在一次英语课上，我正在教学"left"和"right"这 两个单词。在拼读之后，我要求同学们听口令做动作，分别举起左手或右手。突然小磊（班中的一名后进生）着急地站起来说："老师，我不知道哪只是左手，哪只 是右手。"话音刚落，全班哄堂大笑。"真是笨!"不少同学边笑边说。只见小磊尴尬地笑了笑，一声不响地坐了下去，把头越埋越低。我急忙用手势打住了全班的 哄笑，微笑着对小磊伸出了左手和右手说："来，我们一起做，这是左手，这是右手。"同学们在我的带动下一起做了起来，课堂教学继续了下去。下课前趁着孩子们低头做作业时，我轻轻地问大家："同学们，你们知道什么是暂时性遗忘吗？"孩子们一脸迷惑地看着我。"刚才小磊同学身上出现的情况就是其中一种，其实这并不可笑，每个人都可能发生这种情况。据说，爱因斯坦有一次竟然忘记了自己的姓名呢。"孩子们很好奇，于是我话锋一转："老师很佩服小磊，哪是左手、哪是右手的问题都敢提。这样敢于提问是一种很好的学习习惯，我相信有这种习惯的小磊一定能把英语学好！"小磊抬起头，用不敢相信的眼光看着我，我真诚信任的回视着他、鼓励着他，终于他向我露出了灿烂的笑容。

苏联当代著名教育家赞科夫说得好："儿童对于教师给予他们的良好感情，反映是很灵敏的，他们会用爱来报答教师的爱。"孩子们常常特别敏感，他们心灵的"触角"特别多，如果老师的行为和态度让他们发现一点点异样，这些敏感的"触角"就会像含羞草遇到刺激一样立刻收缩起来，而要想再次打开他们心灵的大门，或许是一件十分艰难的事。教学生活中常常不经意间就会遇到孩子们的那些敏感稚嫩的心灵"触角"，需要老师小心地关爱。

学生需要爱，一个没有爱心的教师不是一个合格的教师，为什么有些学生会经常聚在一起，对教师品头论足，说某某老师特别好、某某老师脾气一点都不好等等。其实好与不好之间就是爱在衡量着，学生心中理想的教师最重要就是要有足够的爱心去关怀、感染和体贴，让他们生活在充满爱的氛围之中。

有一位女学生的学习成绩很差，她的班主任老师想了很多办法，包括课下找她谈话、见她的家长、甚至帮她在课间辅导，但都无济于事。老师也有点不耐烦了，觉得这个学生实在没有什么优点，也不太爱把事情安排给她做。可是有一次一件事改变了老师对她的看法。那是一次大扫除，老师征求同学们的意见，看哪位同学愿意从家里带来盆子，班里没有几位同学举手，老师想可能是不好拿的缘故，就准备放弃了。这时她把手举得高高的，老师把她叫了起来。她说："老师，我负责带盆子，还有抹布，这些事都交给我吧。"她说得如此诚恳，老师就答应了她。下午老师来到学校，看见她正和几个同学擦玻璃，还帮其他同学倒水、换水。看到这里，老师对她的看法悄然发生了变化。劳动结束后，老师当着全班同学的面表扬了她。后来还发现她经常帮老师擦黑板，帮同学发作业。她的学习态度也发生了很大的变化，成绩也有了很大提高。

老师从这件事体会到：每一个孩子都有他们的优点，是要靠我们的慧眼发现的。其实，教师对学生爱很简单，有时它就是一个眼神、一个手势。有时在课下，你可能会听到这样一些话，那就是"某某教师今天问了我几个问题，平时自己学习不好，老师不问自己也就不举手了，但老师突然问我了，我感觉老师在关注我，在乎我"。也许，这几个小小的提问就会激发出学生学习的兴趣。所以，用自己的爱去滋润每一个学生的心灵，让学生感觉到，老师在用自己的言语和自己交流着。这样在爱的驱使下，学生会更加尊重老师，在学生心中老师才会越来越"神圣"。

作为一名"传道"、"授业"、"解惑"的引路人，一名从事着"太阳底下最光辉的事业的人类灵魂工程师"，教师对孩子发展中的重要性是可想而知的。实践证明，教师关心学生，热爱学生，并对学生寄予希望，学生就愿意接近教师，乐意接受教师的教育，学生进步就快；反之，学生与教师关系疏远，甚至严重对立，进步就慢。从爱出发，发现每一个孩子身上的闪光点，对学生晓之以理、动之以情、导之以行，那么学生在原有的基础上一定会有所进步的。

三、严格要求也是关爱

一个真正关心爱护学生的老师不仅要有一颗慈母般的心，而且在对学生信任、期望中提出严格要求，热情帮助学生，对待学生。

《中小学教师职业道德规范》强调"对学生严慈相济，做学生良师益友"。现在有些老师不敢管理学生，以至于一些学生纪律松弛，影响校纪校风，影响了自己的学习。这是不负责的态度，我们应该在不影响学 生身心健康情况下，从"爱心"出发，对学生要严格管理，耐心教育，宽严适度。

严格要求要讲究工作方法和艺术。严格要求也不是越严越好，如果走向极端，学生就会产生逆反心理，这样非但达不到严格要求的目的，反而会事与愿违。

有这样的一件事例：

有三个中学生到工地偷电线。工人找到学校，学生不承认。这件事又惊动了家长，家长护短，与工人吵闹。这时，老师没有立即处理，也没有过重批评这三个学生。课外活动时，老师将三人带到花园里去玩，并和他们把花园里的草拔掉。老师和他们海阔天空地聊起来。老师表扬他们关心集体、爱劳动。还让他们各自说了还有什么优点。他们也谈了很多。

老师把话头一转，问："如果你们把现在存在的缺点改掉，那更是一个完美的孩子了。"

一个学生忍不住了："老师，我们犯了错误说出来，你还喜欢我们吗？"

老师立即说："会，有错误改了就是好孩子。"这时三个孩子把偷电线的经过说出来，还把电线送还了工人，并认了错。

上面这个例子中，虽然老师没有大发雷霆地"批评"学生，但也没有站在家长一边为学生护短，最后让学生认识到了错误，这就是作为教师的严格。对学生的教育要坚持正确的教育原则和方法。对学生既要严格要求，又要讲究方法。善于用学生的优点去克服学生的缺点，耐心说服疏导，以表扬为主，要把有声的表扬与无声的批评结合起来。

家长可能对孩子有溺爱，教师不能溺爱学生，这就是溺爱和关爱的区别，关爱是严慈相济。教师在教学过程中，要把对学生的爱护、尊重与对他们严格要求结合起来。

一些教师将他们的经验概括为五个方面：

严而有"格"，即按一定的规律、标准，如学生守则、"三好"学生标准，学生行为规范等要求学生。

严而有"度"，即教师的要求应适合学生的年龄特征、生理与心理发展水平，符合教学、教育的规律。

严而有"恒"，即坚持要求，持之以恒。

严而有"方"，即教师对学生提出要求时，要注意方法，如刚柔并用、寓刚于柔等。

严而有"情"，即教师所指出的要求应该出于对学生真诚的热爱与关心，严出于爱，爱寓于严，做到爱而不纵，严而不凶。

老实、勤奋、好学、成绩好、上学期被学校评为"优秀学生干部"的小虞同学最近在校外犯事了，社区保安人员来电话，要学校前去共同处理问题。这件事说出来难以令人相信，但却又是事实

怎么回事？原来，住宅区内停放的自行车气门芯多次被人拔掉，严重影响着骑车族的正常上下班，保安人员也为自己的失职非常苦恼。当小虞与几位同学故伎重演——偷拔人家自行车的气门芯时，终于被社区保安人员当场逮住。经仔细调查，小虞不仅伙同几个外校同学多次以拔他人自行车的气门芯取乐，而且还以刀片划自行车和摩托车坐垫。小虞不仅是积极的"实践"者，而且还是校外"捣蛋游击队"的负责人。

"这孩子在家被我管教得老老实实，服服帖帖，怎么在外干出这种无聊的事？已是初一年级的学生了，唉……真不可思议！"素以"棒喝"孩子、管理到位而自诩的家长这下子也感到茫然无措。

小虞在校内校外、家里家外的表现可以说是体现出双重人格。其形成原因除与学校管理严厉外，主要还是与家长的棍棒教育有直接联系。部分学生在校可能受到某些班级班规严格的制约和个别班主任的"高压"管理，使其不得不被动服从，表现上循规蹈矩，勤奋好学；在家里，如果家长不尊重孩子，不信任孩子，而是习惯于用棍棒惩罚孩子，用物质金钱褒奖孩子，在这样的环境中成长的孩子，由于爱和尊重的需要得不到，因而表现出强烈的逆反心理，甚至敌对情绪。当他们无力抗拒时便将这种不满的情绪发泄到外界，以寻求一种心理的平衡。于是，他们在家在校表现出极其顺从的样子，而实际上他们是用这种消极方式来避免某种惩罚。一旦有可乘之机，便把压抑在心里的不满情绪发泄到外界，从而引发种种心理问题，例如畏缩、胆怯、多疑、抑郁、时而温顺时而狂躁、或进行些"小型破坏活动"等。小虞的表现就属于此种情况。

教育应该有奖有罚，只有颂扬的教育是不完整的。对于某些时候需要对学生进行必要的惩罚，是师生关系中最敏感的一项内容，也是当今社会较为凸显的敏感问题。它常常触及师生的情感世界，引起气愤、怨恨、恐惧、反悔、对抗等不良情绪。能否正确的使用惩罚，对师生关系及造成的社会影响极大。

犯了错误，就要担责。当罚不罚，则生娇气。为了孩子的未来，我们在提倡赏识教育的同时，不应该忽视"惩罚"在教育中的积极作用。让孩子在成长的过程中，懂得为自己的过失负责任。有责任感，一个能承担责任的人，才是现代人。

惩罚是把双刃剑，如何运用则是一种艺术，一种创新的艺术。那么，如何能既教育了学生，又不伤害他们的心灵？

首先，要做到赏罚并举。只是一味地赏识而没有惩罚，或只一味地惩罚而没有赏识，都是一条腿走路。赏识和惩罚要并重，有罚有爱，学生才会心悦诚服。

第二，要因人制宜，戒体罚倡文罚。有的学生被教师当众批评，离家出走了；有的学生被教师当众羞辱，知耻后勇，取得了成功。同样的"惩罚"，结果却大不一样。因此，惩罚的方式，应该因人制宜，对初犯和再犯，男生和女生，自尊心强者不强者，学生干部和普通学生，都应有所区别。比如，上课不守纪律时，课后学生进办公室读"学生守则"、"学生日常行为规范"；相互打骂者，罚整理教室和对方的书包；经常欺负其他同学者，罚做好事，激起学生向善、向美的追求。像魏书生老师也有一些惩罚性的措施，但他的措施不伤害人。犯了错误写500字的说明书，锻炼写作能力。迟到了，为班上的同学唱一首歌或做一件好事以弥补，这不失为一种好的惩罚办法，也体现了学生是个人的教育原则。

第三，要适度和及时。惩罚的目的是为了"惩前毖后，治病救人"。惩罚过轻起不到教育效果，过度会引起偏激反应。我们应该把握"是否对学生的身心造成伤害"这样一个度。不能把"惩罚"变成"体罚和变相体罚"。

及时的惩罚能使学生体验更深，延迟的惩罚会因时过境迁而

成为"秋后算账",易使学生产生情绪上的反感和对立。

"人非圣贤,孰能无过?"学生在日常生活中难免会犯错,惩罚会让学生知耻而后勇,在教训中学会社会法则。只有这样,他才能在今后的人生道路上听得了批评,受得了建议,抗得了挫折,担得起责任。

严格要求,还要求教师严于律己,以身作则。教师如能严于律己,率先垂范,时时处处为人师表,会对学生产生巨大的感染力和说服力,具有潜移默化的作用。相反,不能严格要求自己,甚至言行不一,不仅做不到严格要求学生,而且会使教师的威信受到严重影响。

从某种角度说,严格要求学生是对学生最大的爱。在"传道"、"授业"、"解惑"的同时,注重培养学生良好的思想品德、学习习惯、生活习惯是教师最根本的职责。"严师出高徒","教不严,师之惰"。严是有原则的严,是符合教育规律的严,是有利于学生全面、主动发展的严,决不是随心所欲,摧残学生身心健康的严,应做到严中有慈,严中有爱,严中有度,严中有方,使学生对教师敬而爱之,而不是敬而远之。教师对学生的严格源于对学生真诚的爱,严以爱为基础,爱以严为前提,严爱结合,严格之水只有渗透情爱之蜜,才能成为爱的甘露。

四、教师和学生"平起平坐"

教师应把学生视为朋友，与学生平等相处，相互尊重，相互关心。这样，既体现了一种宝贵的人文精神，又反映了一种科学的教育思想。

孙敬修老先生曾经说过："让学生爱你，亲近你，你才能赢得学生的心，才能胜任教师的崇高使命。"因此，我们做教师的，应该从那高高的讲台上走下来，深入到学生中间去，俯下身来，和学生站在同一平台上。

请看一名小学校长写下的故事：

有一次我带学生出外春游，与几个男生一起乘小船在河里游玩了一阵。刚上岸，听见有个同学迫不及待地跟他的班主任老师和其他同学叫了起来："今天我和校长坐在一起了！"开始时我还没怎么在意，可他还在叫，对这个说，跟那个说，喜悦、兴奋之情溢于言表。这不由得使我好奇起来：他为什么会这么高兴？于是，我找机会和他聊了一下。

那是个四年级的同学，成绩一般，人很机灵，估计也有点儿顽皮。他说，他自上学到现在，不管是被老师找着谈话，还是老师个别给他讲作业，从来就没有和老师"平起平坐"过，更不用说和校长坐在一起，而且一坐就是十几分钟。更让他开心的是，我们两人还说了好多话。其实，我也就问他家住在哪里、爸爸做什么工作、

最喜欢什么活动、这次春游好不好玩之类无关紧要的话。

那同学的话使我的好奇心一下子变成了沉甸甸的思考——我们的学生多么希望与我们老师有平等交流的机会啊！由于缺乏这种机会，他们已经把与校长坐在一起看成了一种莫大的荣耀，这不是太可怕而又太可悲了吗？

从学生方面来看，他们还小，可能还没有意识到人与人之间应该是平等的，老师和学生之间也是平等的。而无意之中我们老师把学生分等级而待之。如果长此以往，我们的学生会成为怎样的人呢？他们就会向往地位和权力，就会把人分成三六九等，就会产生巨大的虚荣心，就会成为心理乃至人格不健全的人。

这位小学校长反思道：从我们教师方面来看，我们面对的是一群天真无邪的孩子，应该懂得人与人之间、教师和学生之间是平等的，而这种平等的思想落实到我们的实际工作中去的时候，往往就出现了许多的不平等，并且学生是完全能感觉到的。学生是纯真的，他们把为老师做事、无条件接受老师的批评，看作是对老师的尊敬与爱戴。而我们做老师的，是否可以这样想一想，我与学生谈话时让学生坐过几次？我与学生拉过几次家常？我给学生送过几张贺卡？我向学生道过几次歉？总之，我们又为学生做过多少呢？

教师一定要改变旧的传统观念，不再以"教官"的面孔居高临下地对待学生，而是把学生看成真正与自己一样平等的"人"，充分尊重学生，公正、平等地对待每一位学生，学生才会把老师当成自己真正的朋友，发自内心地尊重老师。

老师与学生，是校园这个大竹林里的一棵棵竹子，他们应该是平等地扎根于泥土。因此以平等的眼光看待学生，以平等的态度对待学生，这是老师的天职。平等地对待学生，是对学生最大的尊重。法国卢梭在他的《爱弥儿》中曾说到："做老师的人经常在那里假装一副师长的尊严样子，企图让学生把他看作一个十全十美的完人。这个做法的效果适得其反……要打动别人的心，自己的行为就必须合乎人情！"老师不可能在不平等的环境中获得真正的尊重，而只有在尊重学生的行为中获得真正的尊重。同样学生也只有在被尊重的情况下，才能向教师敞开心扉。

有经验、有成就的教师在课堂上始终表现出对学生的尊重，让学生回答问题时总是说："某某同学，这个问题请你回答。"回答结束后，再说一声"请坐下"。一个"请"字，就能"请"出学生的积极性，为课堂教学"请"出效率来。小小的肯定力量是那样的巨大。老师的尊重有如润物无声的细雨使孩子们发生着变化。

即使学生犯有错误，进行教育，也必须尊重他们。在遇到事情需要处理时，老师也要克制自己的情绪，坚持平等对待学生的原则，具体表现在两个方面：一是，老师在处理问题时，必须讲民主，要容许学生讲话。这样，老师才能知道学生是如何想的，事实真相又是怎样的，处理问题时才能顺理成章，学生错了也知道错在什么地方而自觉改正。二是，假如老师处理问题处理错了，也要诚恳地承认错误，从而取信于学生，受到学生的尊敬，切忌

存有高高在上的心态，要自觉地把自己摆在与学生平等的位置上。

然而，平等对待学生，尊重学生，说起来容易，做起来难。许多又平凡的生活细节，却往往容易被我们的一些教师所忽视，甚至不屑一顾。比如平时，教师要找学生了解教学后的反馈意见时，班主任要找学生进行思想教育或谈心时，学生来到办公室后，我们的教师总是习惯于让学生站着说话。为什么非得要一个人站着、一个人坐着谈话呢？

其实，师生之间应该站在一个平等的对话平台上，教师应该放得下架子，把学生当作朋友来对待，和学生"平起平坐"。

五、平等对待每一个学生

有一位小学老师，上课后过了30分钟，孩子们累了，老师叫孩子们闭上眼睛趴在桌子上休息一会儿，谁趴得最好，老师就摸一下谁的脑瓜儿。每个孩子都觉得老师只摸了自己的脑瓜儿，似乎只有自己独享了老师的爱抚，其实老师在每个孩子头上都摸了一下——这个"秘密"孩子们是不知道的。

教师的爱应该像上面这个事例中的老师一样，是针对每一个学生的，也是要热爱所有的学生，只爱"金凤凰"不爱"丑小鸭"，不是真正的爱学生。

有一位教育家说过这样一句话："在基础教育阶段不要求教师去做伯乐，教师应该是园丁"。这句话的意思是，伯乐是专门挑选千里马的，教师的责任不能只限于培养几个"尖子"，而是要像园丁那样培养出万紫千红的花朵来装饰世界。一花独放不是春，万紫千红才是春。

平等对待学生，应该有两个方面的含义，一是每一位学生无论成绩有多优秀，家庭条件有多好，在教师的心目中都应该是平等的，不以学生的成绩好坏而另眼看待学生；二是每一位学生无论品行、为人怎样，在人格上与我们教师都应该是平等的，不以学生的过失伤害学生的人格。

有一则笑话，说的是一名教师在授课时，有甲乙两名学生枕着书睡觉，其中甲是成绩优秀的学生，乙是班里的差生，这名教师对那个差生骂道："你这个不上进的家伙，一看书就睡觉，你看看人家，连睡觉都在看书"。

同样的两个学生都在课堂上枕着书睡觉，但在老师看来，成绩好的学生只要学习好，其他都可以轻描淡写，他的偶尔犯错是微不足道的瑕疵，而差生却成了被老师挑刺的对象。这样一来，差生成了老师眼中被挑毛病的对象，而优等生总能得到老师的庇护，其实这则笑话在现实生活中屡见不鲜。一些教师会给某些学生扣上差生和优等生的头衔，而给予他们不平等的对待，这样的结果只会适得其反，使差生永远觉得自己是低人一等，得不到重视，从而自暴自弃，失去学习的信心。

多数情况下，教师喜欢听话乖巧的学生，偏爱学习成绩好的学生，而对捣蛋作对、成绩差的学生则冷眼相对，或者爱理不理。经

过比较长的一段时间的经历和反思之后，一些老教师会得出这样的结论：好学生会认为他的优秀源于他的聪明和努力，多年以后真正对老师好的，往往是那些当初被老师们冷眼相对的差生。

让我们来看一则故事：

汤普森太太是一位小学五年级的老师，在她执教的第二年班上来了一位叫泰迪的学生。她第一眼看到这位学生就不喜欢他。泰迪不但肮脏，头发留得长长的盖住眼睛，而且身上还不时散发出一股莫名的臭味，学习也总是落后。

汤普森太太不曾花过心思甚至试着去了解泰迪，她只知道自己内心深处潜藏着对这个无人照管、无人理会的小肮脏一份强烈的厌烦，这份恨意连她自己都说不出原因。这份讨厌无形中传达给了班里的其他学生，他们也都不喜欢泰迪。

圣诞节时，泰迪为老师精心选择了两份礼物。一是一个缺了几颗细小钻石的人造水晶钻石手镯，另一件是在廉价店买的只剩半瓶的香水。汤普森太太很清晰地听到来自孩童群中细声耳语、窃窃偷笑的声音。她提不起勇气往泰迪站的方向看去，勉强地将手镯戴上，挤出一两滴香水擦在耳后，缓缓地将剩下礼物一一打开。

下课后，泰迪没有马上离开，他等所有学生都离去时，手中捧着几本书，畏畏缩缩地走向汤普森太太身旁，轻轻地说："你身上的香水味就像当年母亲身上的气味一样，她的手镯带在你手腕上真是漂亮，我很高兴你喜欢它。"说完，一溜烟地飞奔出教室。汤普森太太听到这些话语，再也忍不住了，她把自己反锁在教室里，坐下来痛哭了一场。身为老师，在过去的数月里，她故意的剥夺一个幼小孩童所应得的关心和照顾。

次年开学，汤普森太太为了弥补良心上的亏欠，在每一天放学后留下来帮泰迪补习功课，直到学期终了。渐渐的泰迪功课赶上班上其他同学，不需要留级重读五年级。不久，泰迪在新学年开学前要随父亲搬到外洲，所幸的是，汤普森太太已帮助泰迪把学业成绩达到某一个稳定的程度，他已有能力去应付未来任何学科的挑战。

数年后，泰迪成了一名优秀的医生。在他成长的岁月里，一直和汤普森太太保持着联系，并且总是喜欢把自己人生中的重大转折点第一时间地告诉这位老师。

相信许多老师会对这一故事深有同感。老教师从人生经历的角度提出要对差生好的观点，虽然带有一点实用功利的思想，却绝对是一种大彻大悟的做法，有助于使每一位学生都受到同等的对待。

说某个孩子是差生，实际上是给孩子过早地贴上了标签，是一种不负责任的行为。每个孩子都有其独特的个性和智力潜能，是一个完整的个体，有聪明的、有较迟钝的；有善于记忆的、有善于思考的；有性格内向、有性格外向；有的学生音乐才能出色，有的写作能力突出，有的爱好绘画，有的喜欢舞蹈，等等。

由于目前学校开设的课程具有一定的局限性，很难囊括所有的知识体系，不可能全面反映学生的素质，当学生面对自己弱项的学科，强科就会因学科设置缺位而无从考察，因而"差"也就自然产生了。

或许有些学生有某些方面确有不足，但总是要发展的，只是

早、晚的问题，而不是优与差的问题。那些曾被视为"差生"，后来成为伟大的科学家、文学家等人的例子比比皆是。

对学生根据成绩或其他因素区别对待，不仅使"差生"失去了进步机会，甚至对那些"优等生"也会带来不好的影响。

一位老师无意间将自己的手机放在自己的办公桌上，只出去了一会，进来后就发现手机不见了，而其他老师都没注意到这事。因为是下课时间，进出的学生很多，教师们分析后认为，可能是某个学生趁大家不注意偷偷拿走了。但老师们几乎一致认为，是某个差生尤其是手脚不干净的有过前科的学生拿的。于是，大家都把目标盯在每个班的差生身上，各班主任甚至还对自己班的差生展开了秘密调查，但都没有结果，老师们却一直没改变过自己的怀疑。

后来有人提议去移动公司查询手机被偷后的通讯情况，这才顺藤摸瓜的查到了那个偷窃者。让所有人都没有想到的是，偷窃者竟然是一个刚刚获得"三好学生"称号、一贯品学兼优的女生，这让他们十分不理解。而这位学生的解释竟然是"当时想着帮老师保管，后来又不敢交给老师了，因为害怕被怀疑是小偷"。这番解释很让人怀疑是狡辩之词。最终，这位学生依然享有她优等生的待遇和称号，因为学校怕伤害她的自尊，没有将此事公开，就此画上了句号，甚至连批评教育或请家长来共同教育之类的环节都省了。

有人曾说：如果孩子天生就是好学生，那教育还有什么功能？优秀教师应该公正、平等地对待每一位学生，要把爱心撒向每一位学生。

第五章　教书更要育人

■教育，要让人学会生存

■千教万教 教人求真

■教学生作一个善良的人

■教给学生一颗感恩的心

■不以分数论英雄

一、教育，要让人学会生存

人类学的研究表明，人与多数动物相比，是一种"有缺陷的生物"。为什么这么说呢？因为和大多数动物相比，人的本能相对匮乏。我们知道，大多数动物出生后很快就能独立生存，其生存能力主要是通过遗传获得的，是本能的。可是人出生时，孱弱无力，除了会吸奶会睡觉，几乎没有任何自我生存的能力。人要获得生存能力，起码需要十多年的时间，而且这些能力是需要不断学习来获得的。所以，教育的诞生，是人的"缺陷性"决定的。从这个角度我们可以说，教育最本真的意义就是教人具备生存能力，就是教人学会如何活下去。

随着人类文明的发展，教育逐渐成为一个独立的领域，也被赋予了更多的功能，比如成为传递社会文化的工具，成为统治者统治他人的工具……但无论如何发展，教育的本意没有变，也不应该变。

现代人的生存概念和动物的生存完全是两回事。动物的生存基本上吃饱喝足就行，而人的生存则是将人的发展也包括在内，其内容也就丰富得多了，复杂得多了。如今的任何一个人都不可能在年轻的那几年或者是某个阶段就能够学会以后乃至一生所用的知识，所以学习的目的很明确，就是生存。

生存包括各种各样的需求，大体说一是物质方面，二是精神方面。人的一生就是和别人不断的较量和竞争的过程，所以对于人的要求就自然而然地提出更高的门槛。

可是，曾几何时，教育变了模样？从以校园围墙为标志的学校教育出现后，从考试制度出现后，教育就从内容到方法，逐渐远离了人类社会的生产与生活世界，形成了以课堂为中心、考试为中心、教材为中心、教师为中心的封闭式教学。教育逐渐成了文化学习的代名词，很长一段时间以来，人们一提到教育，只是认为：上学阶段，人们才与教育发生关系，离开了学校踏上社会，就不再与教育沾边了。甚至教育几乎成了考试的代名词，教育的目的被扭曲为：为了考试，为了升学。

当教育变成了这样的"面目"，它离"教会人生存"就越来越远：受教育者每天被迫背诵着"之乎者也"，被催逼这演算各种公式，还要做永远做不完的考题……十年寒窗，装了一肚子的"知识"，可是走出校门，被子不会叠，衣服不会洗，屋子不会收拾；不会自我推销，不会处理人际关系，不会解决工作难题；遇到挫折就一蹶不振，看到机会不能尽力争取，拿着文凭满街瞎转；未就业先失业，未上岗下先下岗……我们教育的缺陷还不明显吗？

中央电视台曾举办过一次"德智体美劳大奖赛"，某市的一位女孩获得了一等奖。记者们包围了她，教育系统的老师们包围了她：谈谈经验吧！

谈什么呢？她谈不出，她的父母谈不出，她的老师也谈不出。

原来，在得知举办大赛的消息后，举校皆慌。这所全市闻名的重点校，除了让孩子们啃书本，难道教过任何别的东西吗？这

所围墙里的孩子们什么时候敢放纵自己一点一滴呢？

但毫无办法，必须参加，否则，重点校的脸上无光。于是宣布，对十几个平时爱玩幻想的孩子解除"禁令"，让他们把平时想干不让干的，想幻想不准幻想的"玩意儿"全"总结"出来，以备大赛的不时之需。

他们就这样被解放了两个月。两个月后，当他们捧杯回校时，发现一切又恢复了"正轨"：奖杯锁进了学校的荣誉室中，他们被"勒令"补课，继续处于不能想、不能干"非分"之事的环境。他们乖乖听从了。因为升学考试只认分数，不认奖杯的！

当然，每一种教育都有其自身的特点，注重书本教育也有它的优点。例如学生的基本知识比较扎实，这是无可怀疑的。但检验一种教育的优劣，还在于教育的后果，说得通俗一点：毕业后迎接生存挑战的可能。

法国教育思想家埃德加富尔曾在联合国教科文组织供职，他于1972年向教科文组织总干事长递交的一份研究报告——《学会生存》。

"学会生存"至少应该有以下三层含义：第一，学会自我保护，以保持正常的生存状态；第二，学会劳动、学会竞争、学会应变，以增强生存能力；第三，学会审美，以提高生存质量。这是因为，人生的追求，不仅仅是"活下去"，还应该"活得好"。

让学生"学会生存"，并不完全排斥"书本教育"，只是针对它的不足和偏颇。"书本教育"只管"灌输知识"，好学生的指标就是对书本教条无所不知；而"学会生存"致力于学生能力的培养，即使关注"书本教育"，也是注重让学生学习"如何学习"的方法，教师只是一位顾问，一位学习的参与者，他越来越少地传递知识，而越来越多地激励思考。

在时间上，"学会生存"具有终身性，它既然教会了学生"如何学习"，并使学生"乐于学习"，受教育者便会走上社会后仍不息学习，时刻进修。

海滩上，一个对社会抱有怨言的年轻人问一位学者："我有这么高的学问，为什么得不到相应的报酬？社会对于我太不公平了！"学者拣起一颗沙砾，扔向远处，然后对年轻人说："请你把我刚才扔的沙砾拾回来！"年轻人看了看远处，一脸茫然，"它们都一样，怎么能找到？"学者又从口袋里掏出一颗珍珠，扔向远处，然后叫年轻人找回来。年轻人很轻松地找回了珍珠。学者问："你为什么能找到这颗珍珠？"年轻人说："与满沙滩的沙砾相比，珍珠太显眼了！"

说罢，顿悟的年轻人明白了学者的用心：要想被别人重视，自己要努力成为沙砾中一颗耀眼的珍珠！自己的价值靠自己主动展现，而不是等人发现！

学会生存是当前各国教育所面临的重要任务，是当代社会及未来世界对人的要求。教育应当促进每个人的全面发展，即身心、智力、敏感性、审美意识、个人责任、精神价值等方面的发展。应该尽力使每个人能够形成独立自主的、富有批判精神的思

想意识，以及培养自己的判断能力，以便由他自己确定在人生的各种不同的情况下他认为应该做的事情。

在一个信息化的社会里，任何学生都需要学习丰富的知识和掌握高强的能力，但是，作为一个优秀教师，必须牢牢把握住一个核心——学生最首要的任务就是学会生存。

二、千教万教　教人求真

有一位小学教师讲过这样一个故事：

小学语文第九册有篇课文《给予是快乐的》，讲的是保罗把自己得到哥哥所赐的圣诞礼物——汽车的快乐给了小男孩，让小男孩坐上车兜风。小男孩想的是，要是自己也能给瘫痪的弟弟送辆车以让其"亲眼看一看圣诞橱窗里的那些好东西！"课文让人强烈地产生一种感动，涌出给予的冲动。

在课文结束时，老师问学生："同学们，你们有过给予的快乐吗？"学生们纷纷举手。一个学生说："那天放学，突然下雨了，我带了两把伞到校，马上就借了一把给同学，我感到很快乐。"另一个学生说："夏天，烈日炎炎，民警叔叔在马路上维持交通秩序。看到叔叔们大汗淋漓，我马上买了一个大西瓜送给他解渴，我感到很快乐……"听到孩子们的回答，我不禁皱起了眉头：也许孩子们说的是真的，但有没有一个孩子上学会带两把雨伞？主动买西瓜送给值勤民警的似乎也很鲜见，隐约中我有一种感觉：孩子们是在编故事，是在讲一些并未发生的事情，然而却讲得煞有介事，毫不脸红。

出现这种情况，能怪孩子们喜欢撒谎吗？问题还是出在教育上，应该追溯到作文教学的弊端上来。现在，学生生活比较单调，拘囿于课堂，使他们很难有接触社会的机会，写起作文来，源于生活的东西就比较少。怎么办？市面上作文书很多，家长和老师以为，那些文选上的作文都是"范文"，无论是内容还是结构，学生都可以去模仿。于是，这些文本就成了孩子们的案前书，每天读几篇，脑中便有了一些"积累"，写起作文来，这些"积累"便成了作文材料中的"源泉"。打开学生作文本，所涉内容常常"似曾相识"，题材事例撞车的很多，弄得老师评讲作文时不敢读优秀作文，因为说不定这篇佳作就是一篇赝品。有人对作文上的这种现象不以为然，认为写作文从模仿开始，题材的借用可以拓宽孩子的视野，甚至认为"编造"是一种想象，想象是写作成功的翅膀。殊不知这种"宽容"的副作用相当明显，明显到孩子写作文就想到编故事，进而说起谎来也"从容不迫"了。

文品就是人品。如果写作上的积弊迁移到做人上来，那就危险了。由此，我们教育工作者不能单就学科的技巧进行教学，而要超乎学科、从做人的高度思考我们的教育行为。就作文教学而言，除想象类作文外，我们要让孩子把"说真话、叙真事、吐真情"作为第一要务。坚持让学生写真人真事、抒真情实感。如果学生缺少生活积累，就要给他深入生活、融入生活、感悟生活的机会。

新课程倡导要教会学生做人，做人的第一步是要"求真"。陶行知老先生有句至理名言："千教万教，教人求真；千学万学，学做真人。"

这是一位老师写下的文字：

陶行知告诉我们：千教万教教人求真，千学万学学做真人。人类灵魂的工程师要"身正为范"，作为班主任更应该以身作则，把教会学生做人放在工作的首位。但近来我却常常困惑，自己在不知不觉中做了什么，学生从我身上学到了什么？

我教学生欺骗。

对自习课，我要求学生可以小声讨论，但学校却规定自习课不准讲话，必须保持安静，否则在纪律检查时要扣分。接连几周，我班的纪律分在年级中都倒数。我有些着急了，因为这个分数是与年终评先进班级挂钩的，而先进班级又是与班主任奖金挂钩的。再这样下去，怎么行？于是，在班干部会上，我作了如下要求：纪律班长要了解清楚每天纪律检查的时间，然后在每次检查时警告大家停止讨论，等检查结束后再讨论。果然，接下去几周的纪律分已稳居年级前三名了。但看着公布栏里的分数，我却高兴不起来。

我教学生圆滑。

一天，某任课教师因自己心情不好，在课堂上无端发火，拂袖而去。班长急忙来找我救驾。我了解情况后，虽知责任在某教师，但还是到班里，语重心长地给学生上了一课："你们怎么看不出老师的脸色？这下倒好，惹事了吧？学会察言观色很重要，以后看到老师脸色不对，就要小心行事。他怎么说你们就怎么办！一会儿我把某老师劝回来，你们要向他道歉，请他原谅。不然，一堂课就这样浪费了，以后某老师对咱班也有意见，他还会认真教我们吗？那这一科的成绩就会 大受影响……"我发现有几位学生欲言又止，但也顾不了这么多了。劝回某老师，我站在窗外，看着大家面无表情地站起来向某老师说对不起，我在心里骂自己：学生究竟错在哪里，你让他们道歉？

我教学生自私。

周六带学生到多媒体室看电影，邻班的学生也来沾光，把前面的好座位全占去了。我有些生气：这是我事先与管理员联系的，我班的学生还没坐呢，你 们怎么先坐了？一声令下，我把邻班的学生叫起来让他们到后面坐去。他们磨磨蹭蹭，有几位嘴里还嘟哝着什么，但最终还是坐到后面去了。和自己班的学生坐在前 面，我竟一直不能安心看电影了，总感觉到后面有很多双眼睛在盯着我。我后悔莫及，自己在学生面前做了什么啊？

在困惑中我在反省，在反省中我又在困惑，怎样才能真正做到为人师表，靠我一生的努力能做到吗？教学生弄虚作假，长大后他真的会成为了你。

从以上文字看出，要真正实现"求真"的境界，并不是一件容易的事。但要记住，优秀教师一定是一个求真的教师。教师的所有行为，无论是班主任工作还是学科教学，无论是开展活动还是进行家访，无论是学科竞赛还是学科教学，我们都要坚持"求

真"，坚持不掺假、不搞虚浮，实事求是，客观公正；更要为人师表，真情地投身教育，真心地关爱学生，只有这样，才能培养出真正有思想、勤学上进的好学生。

三、教学生作一个善良的人

在美国，一所私立学校开学的第一天，全体教师都收到了校长的一封信，信的内容如下：

亲爱的教师们：

我是集中营里的幸存者。我亲眼目睹了一般人看不到的事情：

毒气室由有学识的工程师建造；孩子被受过教育的医生毒死；婴儿被训练有素的护士谋杀；妇女和孩童被受过高中或大学教育的毕业生射杀；所以我怀疑教育。

我的请求是：希望你们帮助学生做一个有人性的人。永远不要用你们的辛勤劳动，去栽培孕育出学识渊博的怪兽，身怀绝技的疯子，或者是受过教育的纳粹。

阅读、写作、数学等学科，只有在用来把我们的孩子教育得更有人性时，才显得重要。

对于什么是"人性"？我国古代学者有许多著名的论述。孔子曰"性相近"，承认有人性，但未说人性是什么；孟子说"人性善"，荀子说"人性恶"，告子说无所谓善恶，又说"食色性也"，等等。中国的圣哲前贤们大都从社会伦理角度阐述人性。

文艺复兴后的欧洲资产阶级则把人性看作感性欲望、理性、自由、平等、博爱等等，他们大都从人的本质存在、天然权利等角度来阐发人性，起因则在于反对封建制度对个性的束缚。

其实，人性就是人"向善"的本性。学校道德教育是引领学生"向善"的教育，也是人性的教育，教育绝不能培养"有才无德的危险品"，德育的根本任务就是培养学生"向善"的本性，使整个教育过程处处闪耀人性的光辉。在平时教学中，有些教师只知道向学生传授客观真理，却很少透过真理的表述让学生体验其中包含的"人性"要素，于是德育往往就与学科教学割裂开来，或者单独设科，或者通过举办活动进行空洞的说教，从而使学生求知的过程失去了人性的照耀，这是造成学校德育针对性不强、实效性不高的直接原因。

帮助学生做一个有人性的人，就是要让学生具备人道的品性，懂得爱，懂得怜悯；学会尊老爱幼，学会尊重他人，学会尊重不同意见和不同地区的文化；具备人文情怀和全球意识等。帮助学生做一个有人性的人，实际就是让学生成为一个善良的人，一个有良心的人，一个胸怀坦荡的人，一个有知识和智慧的人，一个坚强正直、敢于面对困难和挑战的人。

巴金教育子女有过一句名言，值得我们铭记，他是这样说的："第一是善良，第二是善良，第三还是善良。"一个班上几十名学生，不一定每一个人都能成为科学家，但每一个人都可以成为一个善良的人——给别人带去快乐，因而自己也快乐。

下面是一位老教师关于一个善良学生的故事：

很多年前，我班上有一个学生成绩特别好，而且特别有爱心。当时我给他们推荐了一本书《爱的教育》，我要每位同学都去买来读。不久，他找到我，要求我把班上一位成绩很差表现也不好的同学安排来和他坐一块儿。我问为什么，他很真诚地说："这样我就可以每堂课都提醒他认真听课，每天放学后我还可以帮他补习当天的功课！"我非常感动，便答应了他的要求。从此，他成了那位同学的小老师，每天放学后人们总能够在教室里看到他们一起学习的情景。

但过了不久，我接到他妈妈的电话，她以责备我的口吻说："我们孩子每天放学很晚才回家，据说是帮助同学的学习。他还是一个孩子，凭什么要把本来该老师做的事教给他做？那个后进生把他的学习拖垮了怎么办？"我当即在电话里很不客气地对她说："你不知道你有一位多么富有爱心的儿子！我为你儿子有这样纯真的爱心而骄傲，同时为他有你这样自私的母亲而遗憾！"后来，这位学生给我谈了他的苦恼，说他很愿意继续帮助那个同学，但妈妈反对。我说："你做得对！这件事你别听你妈妈的！"就这样，他在我的鼓励下，一直帮助同学到毕业，高考时考上了中国科技大学，有一年我去合肥讲学，报告地点就在中国科技大学的报告厅。我特意把他叫来，并且在报告中讲了他的故事。

清朝黄宗羲说过："爱其子而不教，犹为不爱也，教而不以善，犹为不教也。"作为一个优秀教师，在繁忙的工作学习中，总能找到一些机会，既要教书但更要育人，这才不辜负教师的天职。

四、教给学生一颗感恩的心

生而为人，要感谢大众的恩惠，感谢父母的恩惠，感谢师长的恩惠，感谢国家的恩惠；没有大众助益，没有父母养育，没有师长教诲，没有国家爱护，我们何能存于天地之间？所以，感恩不但是美德，而且是一个人之所以成为人的基本条件。

目前的现实是，不仅是小学生、中学生，甚至大学生，普遍存在没有责任感，缺乏感恩意识的现象。其最直接的表现就是以自我为中心，只求索取，不想回报，很少去考虑自己应该对社会、对家庭负什么责任，社会、家庭把自己养育成人，自己应对其回报什么。

对学生"感恩心"缺失存在问题进行分析，有这么几个原因：

1. 现在的孩子大部分是独生子女，家长尤其是爷爷奶奶过于溺爱宝贝，认为孩子小，凡事替孩子包办，好吃的留着，铅笔替孩子削好，书包替孩子背着，家务不让孩子碰着，有的学生饭还要大人喂着除了作业不代办，其余都是老将出马，甚至作业也是家长陪着做……都是无条件的给予，没有培养孩子的回报意识，从而养成了对现有的条件不珍惜，只顾一味地索取，这样的

环境下长大的孩子他们已习以为常，把一切都看做是理所当然的，当然不会想什么感恩。

2. 有些家长自身就缺乏感恩意识，在关心孝敬父母、长辈，关心他人方面就没有给孩子以榜样作用，甚至有的家长漫骂、殴打自己的父母，孩子在这样的氛围中成长，怎能孝敬长辈，怎能学会感恩呢？

3. 学校还是存在重智育轻德育的氛围，还是有应试教育的迹象。虽然一直强调学校教育以德育为首，狠抓德育的实效性，但是现今各种各样的教育教学质量检查、评比，使得教师们不得不把主要时间和精力投入在抓课堂教学质量，课后抓学困生的辅导上。每学期虽然也有组织学生开展一些德育主题活动，但实效性不是很大，对学生思想教育有时显得空泛。例如，当前学校的德育教育长期强调的是政治教育，要"爱祖国、爱人民"，这种教育当然很重要，而对于小学生而言，这种"爱"能不能被他们所理解？对于小学生而言，"爱家、爱父母"也许比"爱祖国、爱人民"实际得多。

4. 从社会大形势看，许多学生不知感恩。据报载，一位农民父亲写给大学生儿子的信，信中痛斥儿子不知感恩："不知道在大学除了学习文化，还能否学到良心？"这位大学生每次写信回家只有几行字，而且不清楚，只有一个"钱"字最清楚。事例不胜枚举。社会感恩教育缺损。在孩子成长过程中接触到的卡通、网络、新闻媒体等公共媒介中，只注重经济利益，忽略了对孩子的感恩教育。

如果要让学生懂得感恩，那么，首先必须让他学会感恩自己的父母。

爱自己的父母，不仅仅是因为他们给了我们生命。

在人世间，再没有比父母对子女的爱更深厚，更博大的了。

一名学生蒙上眼睛，手中托着盘子。老师开始往盘子上放书本，要求学生不时说出对重量的感受。起初，盘子里承载的书本很少，每放上一本，学生都明显地感受到分量在增加，但当盘子中的书本摞起厚厚一摞，再增加书本时，学生已经感觉不到分量在增加了。

一次班会上，老师用物理实验激发了学生的亲情。实验结束后，望着一脸疑惑的学生们，班主任老师解释说，这是物理学上的贝勃定律，"亲情何尝不是如此？父母给予了孩子深厚的爱，之后不断给予孩子爱时，孩子却察觉不到了。"台下，学生和家长代表们一下子沉寂了，思索着刚才的物理实验。

女生小文（化名）哽咽了，她出生时患有脊柱侧弯，很多人劝妈妈再生一个，但为了把一份完整的爱留给女儿，母亲放弃了生第二胎的想法。十几年来，妈妈一面帮女儿治疗，一边辅导孩子的学习，还带她学钢琴，母亲的爱真的太深厚了。

学生小黄与大家分享了自己的一篇日记，写的是她给妈妈洗脚的感受，日记中写道："13 年来，我接受着父母对我无微不至的关怀，却觉得天经地义……我从来不曾看过母亲布满了厚茧、如此粗糙的双脚，好陌生……"日记没读完，教室里的妈妈们已

是泪眼蒙眬。"对不起，妈妈！"班会上，男生卫俊当着全班同学的面，大声道出了心中的歉疚。小卫的妈妈是农村人，每次遇到儿子学校开家长会，她都特别想去参加，但每一次都被儿子阻止了。一次卫俊急了，对妈妈说："你长得丑又没文化，去了只会给我丢脸！"这席话让妈妈半天没吱声。卫俊说，这之后妈妈对自己一如既往地好，但他却没有道歉的勇气，这一次，重审亲情，他感到了自己的渺小。

班会的最后，同学们纷纷表示要为父母做一些事，给妈妈做顿饭、为爸爸捶背、听父母的话……李老师看到，同学们的眼神温暖而动人，每一个家长代表的手臂都被孩子轻轻挽起。

这是一次成功的感恩教育。真正的教育，不仅要教给学生知识，还要教给学生情感；不仅要学生体会到被父母爱是幸福的，还要让学生明白爱自己的父母更幸福。

培养学生的感恩品质，需要从家长到学校系统的培养教育过程。感恩教育要从点滴小事做起，比如有的家长对孩子从小进行计划花钱教育，让孩子从小懂得钱的取得是父母用汗水换来的，要花得有价值。在学校里要让学生亲自参加集体劳动，对自己的生活需求自我服务，衣服要自己洗，卫生要自己打扫。他们便从劳动中懂得父母的日常生活中的辛劳和付出。假期中让学生亲自帮父母干一些体力劳动，使其在劳动中体会到父母是怎样挣钱供自己上学的，他们便会珍惜眼前的学习机会。作为优秀教师，利用教学和生活中的点滴小事对学生进行感恩教育，也是必须要做好的功课。

五、不以分数论英雄

把分数作为唯一标准来衡量学生，说明老师不合格不称职。因为成绩只是学生一方面能力的体现，不能作为衡量他价值的所有。每一位学生的一生是否有成就，不会简单由他的一次或几次考试来决定，要看他将来在社会上如何发挥作用。

《中小学教师职业道德规范（2008年修订版)》第四条明确规定，不以分数作为评价学生的唯一标准。这是针对目前一些学校单纯搞应试教育的现实提出来的，有利于真正培养学生在德智体方面的全面发展，培养他们的健全人格和创新精神，从而实现教书育人的目标。

2009年9月，在一个报告会上，中国教育学会会长顾明远倡议中小学停止"三好学生"评比。顾明远表示，早在10多年前，他就提出停止三好学生评比，对全体学生一视同仁。为了证明自己的观点，他讲了"二号种子和八个笨蛋"的故事。

有一次顾教授在同事家做客时，同事刚上小学的小孙女告诉顾教授，自己是班上的二号种子。"当时我也觉得很奇怪，不知道什么意思。后来小姑娘告诉我们，她的老师在班上说了哪些学生比较聪明，排名靠前的就是班级的希望，被称为'种子'。"老师认为同事的孙女是班级里第二聪明的，自然也就成了"二号种子"。

"当时我就觉得这样的教育方式是有问题的，没过多久，另一件事给了我更大触动。"顾教授再次来做客时，小女孩的一句话着实把他吓了一跳："我们班上有8个笨蛋。"原来，班上老师在教学过程中，问谁是笨蛋，结果有8个成绩不好的同学站了起来。

顾教授指出："作为教育者，我们要相信所有的学生都能教得好，在班级里公布哪些学生是种子，哪些学生是笨蛋，不仅伤害了学生的尊严，也违背了教育规律。"

当然，以分数论英雄的现实基础是目前以分数为录取主要标准的高考制度。对普通中学而言，在相当长的一个时期内，有望上大学的学生只是少数，政府和学校应该对多数直接走入社会的学生给予同样的关注。这应该是评估学校办学水平、教学质量的重要内容，而不能只是关注学生分数和升学率。

政府部门对学校评价标准的单一和落后，是形成以高考成败论英雄现象的原因之一。应该尽快制定全面、科学的高中办学水平、教学质量评估标准和评估办法，以此取代、淡化目前以升学率为唯一标准的评价模式。

虽然教书育人是人们常说的一句话，但实际上许多学校和老师为了追求升学率会不可避免地忽略学生的素质教育。关键在于转变教育观念，除了学校和教师的自觉规范外，更需要各级政府，尤其是教育管理部门和全社会的共同努力。

高分不录取，在国外大学是正常现象。比如在美国，能够反映学生学业水平的"硬指标"有两个：一是全国性的SAT（或是

ACT）考试成绩，类似中国的高考；二是学生高中期间的学业平均成绩。经常会发生学生 SAT 考了高分甚至满分，但报考名校却不被录取的事情。美国大学录取，当然也重视中学生的学业表现，但同时关注学生的创造力和服务社区的精神。什么样的学生能受世界名校青睐呢？哈佛大学比较经典的例子是，一个出身贫寒的女孩，她的母亲靠捡垃圾维生。这个女孩立志要通过自己的努力来改变命运，她读书很用功，更可贵的是，她长期利用课余时间做义工，用己所能帮助身边的穷人。这名女孩后来被哈佛录取。还有一名中学男生，创作了 4 部音乐作品，其中两部为忧郁症患者筹得 4000 美元善款。他被《匹茨堡邮报》评为 2000 年度最雄心勃勃的新一代音乐家。这位学生最后也被哈佛录取。

不可否认，在高考录取制度没有出现大的转变情况下，不以成绩论英雄对教师来说会带来很大压力，甚至让人觉得矛盾。有的教师认为，以分数论英雄固然是一个误区，但对教师的评价又该以什么标准代替呢？教师的工作，以脑力劳动为主，而这其中有很多并不能显示在课堂上，为了教育一个学生，教师要付出很多很多，包括体力上的、精神上的、正面的、反面的、校内的、校外的，甚至有的教师把工作带回了家里，带入了梦乡……而这些常常不能以硬性的成绩的方式被评定而被忽视。

在当今教育体制的不断改革中，教师肩负的责任更多，社会对教育的期望增高，教师的工作压力、心理压力也无形地增多了，某些不合理的考核与评定，使教师队伍中亚健康状态者居

多。教师的付出需要社会的承认理解和支持！社会和舆论应该给教师更宽松的环境。

杨老师教学 17 年，桃李满天下，真不简单！他曾经教过的学生，现在有的当了经理，有的是大饭店的主厨，有的是计算机高手，他们在各行各业一展所长。杨老师为他们骄傲、自豪。可是，这些学生中，当初有的是班级的调皮王，有的是淘气包，有的是不起眼的灰姑娘，有的是不按时交作业的……当初他们在杨老师面前做学生的时候，杨老师不以分数高低论成败，更不以成败论英雄。做杨老师的学生真幸福！

是呵，孩子们的潜力无穷，前途无限，青涩少年时，却道是卧虎藏龙！

我们老师、家长求好心理是正常的、必须的，但不可逼迫孩子考出好成绩，一味拿到高分。要尊重他们的人格，更好地发挥他们的特长。社会上 360 行，哪行都需要人才，行行都能出状元。

杨老师的经历给人以启发，一个不以成绩论英雄的老师，一个不把班上的学生划分为聪明人和笨蛋的老师，最终会被学生认可，被社会认可。如果仅仅让学生获得高分而忽视了教书育人，学生即便上了大学也不一定适应社会。一个优秀的教师，应该超越分数的束缚，从素质教育的角度，从学生的全面发展入手，他一定能收获丰硕的果实。

第六章　互相合作的团队精神

■教师需要团队精神

■要善于与人合作

■尊重每一位同事

■与同事领导和睦相处

■处理好竞争与合作的关系

一、教师需要团队精神

所谓团队精神，简单来说就是大局意识、协作精神和服务精神的集中体现。

实际上，团队是指一些才能互补、团结和谐并为负有共同责任的统一目标和标准而奉献的一群人，一个真正的团队应该有一个共同的目标。对教师而言，团队精神和个人工作能力是同样重要的，如果说个人工作能力是推动学校发展的纵向动力，团队精神则是横向动力。其实质就是向心力和凝集力。它要求每一个成员相互关心，相互帮助，竭尽自己的全部智慧和力量，去完成集体的共同任务。

每年在美国篮球大赛结束后，常会从各个优胜队中挑出最优秀的球员，组成一支"梦之队"赴各地比赛，但结果总是令球迷失望——胜少负多。其原因在于他们不是真正意义上的团队，虽然他们都是顶尖的篮球选手，但由于平时分属不同球队，组合在一起时并不能形成有效的团队精神。

由此看来，团队并不是一群人的机械组合。团队精神是一个集体所必须具有的，否则无法形成战斗力。团队精神自古就有：六国虽然强大，但并不团结；甚至彼此隔岸观火、钩心斗角，他们最终相继灭亡。"将相和"的故事里，蔺相如顾全大局，从国家利益出发，使国家强大，使外敌畏惧。所以也有人说："五人团结一只虎，十人团结一条龙，百人团结像泰山。"动物世界也有：狼是一种群居动物，它们集体狩猎、明确分工、密切合作，齐心协力地战胜比自己强大的对手；单独的狼，只能成为大型动物的盘中餐；但一群配合默契的狼，足以让猛兽色变，足以让人类汗颜。狼的团队精神值得学校研究、学习、借鉴。

任何一个团队，团队成员的团队精神强，这个团队就会是一个优秀团队，这个团队的任务就会完成得最出色，这个团队的成员心情就会很愉快；反之，就是一个松散的团队，扯皮的团队，失败的团队。

一个人如果具有很强的团队精神，他会表现出一些特点：

1. 不管在哪里，他都想到自己是这个团队的人，把团队的利益与自己个人的利益联系得很紧。不做有损团队利益和声誉的事，想到自己的行为不光是代表自己，还代表自己的团队。他懂得不要只是向团队索取好处，不要只是享这个团队的福，还要为这个团队作贡献。

2. 认同团队应该有一个队长。自己作队长的时候，尽心地为团队出力，别人作队长的时候，尽心地支持队长为团队发展的正确行动并和队长一起努力。

3. 积极参加团队的活动，和团队的成员配合默契、和谐相处。不管什么事情，都不把自己置身于这个团队之外。因为他知道，自己远离团队，作这个团队的旁观者，这个团队也会淡漠他、远离他。尽可能多地帮助团队其他成员，帮助别人也是在帮助自己。因为，

总会在某种时候，自己也需要团队其他成员的帮助。

4. 遵守团队共同的纪律。因为他知道，没有纪律就没有团队。一个人出发，想什么时候走就什么时候走，两三个人一起出发，就必须约定走的时间，这个约定，就是纪律。

一所学校就是一个团队，它是由各个不同的部门、班级、学科、教师所组成的。学校工作更需要团队精神，教育工作的特性就是工作过程的协作性和工作效果群体性。教师团队精神的重要性表现在：第一，在现代教育理论上有一个很著名的教育思想——整体大于各部分之和，具体说来，一个班的老师必须协调一致的对学生施加积极的教育影响，才会取得比较满意的教育效果；一个班的成绩提高，必须靠每一科老师的共同努力才行。第二，在团队之中，各个成员之间可以形成优势互补，相互启发，相互激励，共同提高。第三，团队获得的信息量是个人信息量的数倍甚至是几十倍，而丰富的信息量对于教师在教育教学具有重要意义。第四，在团队的协作中，每一个成员都学会了与人相处。总之，教师以团队的方式进行教育教学和科研可以极大促进教师整体水平的提高，同时在科研中达到教师思想观念和人格精神的不断升华。

一个年级学生的管理、成绩的提高必须靠年级的每一个班都提高，每一个班都管理好；一个学校的工作是千头万绪的，这千头万绪的工作靠哪一个能力强的人都不行，必须靠每一个在学校工作的人员都在各自的岗位上努力，这架大机器才会正常运转，高速运转。举个例子：某一门课程，比如微机课不纳入升学考试，自然不太受到重视，但如果微机课老师不严格要求学生课堂纪律，每次上微机课对学生放任自流，学生在微机课上的散漫混乱习惯势必延伸传染到语文、数学等课堂上来，产生很坏的影响。如果一个教师在学校里就只会上课，对未来一无所知，那他就会很不安心，反之，他就会和学校组织取得高度认同，把学校作为自己生命的一部分，教师有了强烈的发展动机和明确的发展目标，这所学校就会充满生机和活力。

大体说来，学校的团队精神包含三方面内容：

第一，在学校与教师之间的关系上。团队精神表现为教师对学校的强烈归属感，教师把学校当成"家"，把自己的前途与学校的命运联系在一起，愿意为集体的利益与目标奋斗。

第二，在教师之间的关系上。团队精神表现为教师之间的相互协作，相互宽容，彼此信任，在生活上彼此关怀，和谐相处，追求团队的整体绩效。学校成员之间没有根本利益冲突，只有理念的碰撞。

第三，在教师对学校事务的态度上。团队精神表现为教师对学校事务的全身心投入。

当代的教育已不是教师个人的英雄主义时代，更多的要谋求协作和合作。每一位教师必须与他人协作，只有这样才有成功的可能。

二、要善于与人合作

芝加哥公牛队是篮球史上最伟大的球队之一。1998 年 7 月，它在美国篮球联赛总决赛中战胜爵士队后，取得第二个三连冠的骄人成绩。但公牛队的征战并非所向披靡，而是时刻遇到强有力的阻击，有时胜得如履薄冰。

与公牛队交战的对手都会在战前仔细研究公牛队的技术特点，然后制定出一系列对付它的办法。而曾经闻名一时的办法之一，就是让迈克尔·乔丹得分超过 40 分。听起来挺滑稽，但对手言之有理：乔丹发挥不好，公牛队固然赢不了球，乔丹正常发挥，公牛队胜率最高；乔丹过于突出，公牛队的胜率反而会下降。因为乔丹得分太多，则意味着其他队员的作用下降。公牛队的成功有赖于乔丹，更有赖于乔丹与别人的协作。

事实上乔丹本人也善于同队友合作，这与他的品格有关。皮蓬是公牛队最有希望超越乔丹的新秀，但乔丹没有把队友当作自己最危险的对手而嫉妒，反而处处加以赞扬、鼓励。为了使芝加哥公牛队连续夺取冠军，乔丹意识到必须推倒"乔丹偶像"以证明"公牛队"不等于"乔丹队"，1 个人绝对胜不了 5 个人。一次，乔丹问皮蓬："咱俩 3 分球谁投得好？""你！""不，是你！"乔丹十分肯定。乔丹投 3 分球的成功率是 28.6%，而皮蓬是 26.4%，但乔丹对别人解释说："皮蓬投 3 分球动作规范、自然，在这方面他很有天赋，以后还会更好，而我投3分球还有许多弱点！"

乔丹还告诉皮蓬，自己扣篮多用的是右手，用左手也多是习惯的帮一下，而皮蓬双手都行，甚至用左手更好一些。这一细节连皮蓬自己都没有注意到。"每回看他打得好，我就特别高兴；反之则很难受。"乔丹的话语中流露着他们之间的情谊。正是乔丹这种心底无私的慷慨，树立起了全体队员的信心并增强了凝聚力，取得了一场又一场胜利。

乔丹的成功，与他善于合作有很大关系，他真正领会到合作的精髓。任何事情都必须依靠朋友和同事的力量，借助集体的作用力更能便捷地到达自己的目的地，也在相互支持中实现各自的梦想，取得事业的丰收。一个高效的团队，其成员一定具有互助精神，能够把团队的目标置于个人的目标之上，乐于一起工作并帮助他人取得成功。

所谓合作，是指在社会互动中，人与人、群体与群体之间为了达到互动各方都有某种益处的共同目标而彼此相互配合的一种联合行动。我们的教育对象，我们的学生，处在非常复杂的社会环境中，时时刻刻接受多方面、多层次的影响。教师影响施加得如何，取决于力的平衡。教师的影响在多大程度上能够成功，取决于教师在多大的层面上协调各方面的力量，共同对学生施加影响。一个会做工作的教师，会调动千军万马来实现自己的教育抱负。有不少教师个人素质很好，但是缺乏合作精神，与别的教师斤斤计较，这样的教师不会有多大出息。

对于合作与竞争，要确立"双赢"的观念。过去我们往往以为，在竞争中只有一个赢家，因此，合作有一定的困难，更多的是竞争。但事实上，只有双赢才是真正意义上的竞争。

教师之间的合作，在形式上有如下几方面：

1. 集体备课

集体备课是中小学教师合作的最基本的、最广泛的形式。在集体备课中，教师全员参与，相互借鉴，相互启发，集各家之长，避自己所短。这样，教师可以互利互惠，相得益彰，从而使得教学过程真正达到最优化，既成长了教师，也发展了学生。

2. 新老教师结对子

新老教师结对子是教师合作的重要形式，是促进新教师尽快成长的有效途径。老教师的理论水平很高，教学经验丰富，教学方法多种多样，他们有着无私奉献、任劳任怨的高尚精神，他们是学校的教学骨干和宝贵财富。而新教师的专业基础扎实，现代技术比较高，观念新，他们是学校发展的后备力量，是学校的希望。新教师和老教师各有所长，各有所短。因此，新老教师结成对子是十分必要的，两者共同发展，共同进步。

3. 教师间互相听课、评课

教师间互相听课、评课是教师合作最有效的形式，是教师提高业务水平的有效途径。听课、评课是一种有效地研究课堂教学的重要方法和手段，也是教学、教研工作过程中一项非常有意义的活动，通过听课、评课，同事之间可以相互学习，相互促进。

老师的教学理念在听评中升华，教研能力在听评中加强，技能技巧在听评中产生，业务水平在听评中不知不觉中提高。在走进课堂听课之前，听课者应该事先问问授课者要上什么内容，把课本找来预习一下，有哪些重点、难点、考点；同时自己设想一下，假如让我教这样的课，准备怎样教，以便听课时有个对比。听完课之后，听课教师教要与授课教师进行切磋。

4. 教师之间经验交流

教师之间经验交流是中学教师合作必不可少的形式。每位教师的成长环境、教学经历、社会阅历等因素是不尽相同的，每位教师都有自己的教学经验，其中有共性的，也有不同的。只要每位教师都毫不保留地把自己的经验跟其他教师进行交流，大家都能从中获益，从而提高自己的业务水平。

除了以上提的几种合作形式外，中学教师还可以通过其他形式进行合作，如集中学习专业理论知识、集中辅导尖子生和学困生、分享各自的教学教育科学研究成果以及共同承担校、县、市、省乃至国家级的教学教育科学研究课题等等形式。

在合作中要注意细节的安排和形成一定规则，从多重视角来看，任何真正的合作都必须具备四个核心要素：有主体的意愿、可分解的任务、有共享的规则、有互惠的效益。

从这样一个框架看教师的合作：第一，参与合作应出于教师的自觉自愿，任何强制性的或所谓的"人为合作"都不可能使教师真正投入合作行动。第二，合作关系可以是一种情感关系，但

合作行动必然是任务导向的。合作的任务应当是能有多人承担的任务，参与合作行动的教师必须保证完成基于分工的任务，同时能自觉地配合、支持其他参与者的行动。这两方面的工作也就是合作参与者的核心职责。第三，参与者应放弃合作体以外的身份、角色，通过协商、探究，寻找能保证达成最大合作效果的规则和程序。这种建立在共识基础上的"游戏规则"应当被看做合作的法典。第四，合作关系建立在共同利益或互惠利益基础上，合作体应当成为每位参与者的利益共同体。每位参与者为了实现共同的目标，享用合作体内的不同资源，在完成任务的过程中获得理智的启迪或情感的愉悦。

在我们语文组，不仅每个人的进取精神强，而且大家团结合作意识也非同一般。集体备课，资源共享是我们的杀手锏。有人问我们到底是怎样进行集体备课的？近几年来，我们是这样走过来的——

在每学期初，召开集体研讨会，制订方案，明确任务。一是总结上一学年在教学过程中表现出的好点子和经验，并发扬光大；摒弃效率不高的、徒劳无用的部分；完善疏漏的、力度不够的部分。从而形成新的切实有效的教学方案，指导语文教学实践。二是把所要完成的教学任务合理分工到人，每个教师负责一个专题。如规范书写，文言文、说明文、议论文、散文、小小说的阅读指导，作文的审题拟题、立意构思、语言结构、开头结尾等专项训练，以及训练资料的搜集整理与积累资料准备编辑等等。人人都必须认认真真地备课，完成之后大家再共同交流、进一步完善，形成定稿。大家就资源共享。这样，既节省了时间和精力，又提高了教学效率。真可谓一举多得，何乐而不为？

在教学过程中，无论是谁在遇到了什么样的困难，大家都会积极主动来帮忙找问题，想方法，群策群力，共渡难关。"尺有所短，寸有所长。"每个教师都有自己的特长。比如：王老师长于指导学生书写，熊老师精于阅读评析，方老师特长写作教学，郑老师会朗诵，文老师会教小说，向老师引导学生优秀习作公开发表……我们就适时地请他们或做专题讲座，或直接深入课堂。有时，我们还请美术老师现场指导学生办手抄报，请音乐老师协助解答歌词类阅读题，请书法老师当书法比赛顾问等，将丰富的课程资源有效地开发利用起来。这些老师的教学往往驾轻就熟，事半功倍。这不仅解决了教学中的实际问题，还激发了每个学生的积极性，全面提高了学生的语文素养。

其实，协作教学最大的困难在于思想障碍。几年来，我们战胜了三种思想障碍：一是自以为是的思想，二是吃大锅饭的思想，三是窝里斗的思想。其中每一种思想都极有可能导致各自为政、单打独斗的不良局面。经过多年的磨合，我们达成这样的共识：闭关自守不利于个人提高；只烤火不加柴不利于集体团结；团结协作，资源共享才是唯一的出路；我们最大的对手在于自身；我们的目标是追求更好。从此，在我们每一位语文教师心中，不再有利害冲突，不再有保守思想，唯有一个共同的奋斗目标。清醒的头脑，准确地导航，使我们的语文教研之舟乘风破

浪，"直挂云帆济沧海"！

可以说，我校的语文教学成绩呈上升态势，靠的就是有一支团结协作的语文教师队伍。语文组的良好成绩，是全体师生同舟共济，团结协作，集体打拼的智慧结晶。正是这种团队精神，使我们语文教研组永葆生机与活力。

因为语文组无私，所以语文组团结，因为语文组团结，所以语文组温馨；因为语文组温馨，所以教语文快乐！

关于教师合作，起步阶段尤其难，因为教师的劳动具有比较明显的个体性，传统的教师群体缺少合作的文化。但教育毕竟是一种合作的事业，因此教师之间的合作还是有基础的。而一个优秀的教师，必定是一个善于合作的教师。

三、尊重每一位同事

在同事交往中，我们提倡平等交往，在交往中应自尊而不骄傲，尊重别人而不谄媚；受惠于人不形成依赖；批评别人以真诚相待，忠言诱导；受人批评应诚心接受，即使对方有所偏颇，也不耿耿于怀，只要对方是出于真诚目的就不要再计较。同事交往，要彼此尊重。

有人总结出同事之间五大基本礼仪，教师之间也大体如此：

（一）尊重同事

相互尊重是处理好任何一种人际关系的基础，同事关系也不例外，同事关系不同于亲友关系，它不是以亲情为纽带的社会关系，亲友之间一时的失礼，可以用亲情来弥补，而同事之间的关系是以工作为纽带的，一旦失礼，创伤难以愈合。所以，处理好同事之间的关系，最重要的是尊重对方。

（二）物质上的往来应一清二楚

同事之间可能有相互借钱、借物或馈赠礼品等物质上的往来，但切忌马虎，每一项都应记得清楚明白，即使是小的款项，也应记在备忘录上，以提醒自己及时归还，以免遗忘，引起误会。向同事借钱、借物，应主动给对方打张借条，以增进同事对自己的信任。有时，出借者也可主动要求借入者打借条，这也并不过分，借入者应予以理解，如果所借钱物不能及时归还，应每隔一段时间向对方说明一下情况。在物质利益方面无论是有意或者无意地占对方的便宜，都会在对方的心理上引起不快，从而降低自己在对方心目中的人格。

（三）对同事的困难表示关心

同事的困难，通常首先会选择亲朋帮助，但作为同事，应主动问讯。对力所能及的事应尽力帮忙，这样，会增进双方之间的感情，使关系更加融洽。

（四）不在背后议论同事的隐私

每个人都有"隐私"，隐私与个人的名誉密切相关，背后议论他人的隐私，会损害他人的名誉，引起双方关系的紧张甚至恶化，因而是一种不光彩的、有害的行为。

（五）对自己的失误或同事间的误会，应主动道歉说明

同事之间经常相处，一时的失误在所难免。如果出现失误，应主动向对方道歉，征得对方的谅解；对双方的误会应主动向对方说明，不可小肚鸡肠，耿耿于怀。

周末下午，数学老师小王来到办公室刚要坐下，电灯灭了。小王跳了起来，奔到楼下锅炉旁。管理员正若无其事地边吹口哨边铲煤添煤。小王破口大骂，一口气骂了六七分钟，最后实在找不到骂人的词句了，只好放慢了速度。这时，管理员站直身体，转过头来，脸上露出开朗的微笑。他用一种充满镇静与自制力的声调说道："呀，你今天晚上有点激动吧？"

小王面前的这个管理员没读过书，算是一位文盲，有这样那样的缺点，但他却在这场"战斗"中打败了小王这样一位有文化的人。

小王非常沮丧，甚至恨得有些咬牙切齿。但是没用，回到办公室后，他好好反省了一下，觉得唯一的办法就是向那个管理员道歉。小王又回到锅炉旁。轮到那位管理员吃惊了："你有什么事？"小王说："我来向你道歉，不管怎么说，我不该开口骂你。"管理员说："刚才我并没有听见你的话。只是泄泄私愤，对你这个人我没有恶意。"小王听了这话很感动，两人就这么站着，聊了一个多小时。

从那以后，两人居然成了好朋友。

学校的活动总是处在一个大的环境中，这样便不可避免地要与各色人等交往。尊重学校每一个人，不管他是干什么工作的，是校长还是班主任，还是任课教师，给自己营造一个良好的工作氛围，你才能充分发挥自己的潜能。

要想营造和谐的人际关系，我们必须遵循以下要点：

第一，尊重别人的人格，切忌说有伤他人人格的话。

说话要注意言辞口气，轻蔑粗鲁的语言使人感到受侮辱，骄横高傲的语言使人与你疏远，愤怒粗暴的语言有可能将事情导向不良后果。一个尊重别人的人不会用暴力、辱骂、仇恨去对待别人。

第二，不要过度以自我为中心。

不断向别人述说自己的生活琐事，夸耀自己的经历，或只知道谈论个人的兴趣，从不理会别人的感受和反应，这实际上是不尊重别人的表现。

第三，尊重别人的标准。

每个人都有自己的处事标准，尊重别人的标准，是一个基本的处世态度。

有友善的眼光注视别人，对每一个人投以微笑，用友好的方式来表达自己，别人也会用同样的方式来回报你。人，要学会尊重。作为教师，更要学会尊重。因为，尊重是教育的前提，是教师一切教育活动的基础。

小伍和小霍在同一单位工作，在工作能力上小伍比小霍稍胜一筹，这让小霍心里很不爽，而他平衡自己妒忌心理的方法便是伺机向小伍放暗箭。

有一次，单位举行篮球比赛。由于小伍是篮球队的主将之一，小霍也前往"捧场"。当他看见小伍第二次投不中时，他用

力鼓掌并大声叫喊:"不中不要紧,精神可嘉!"结果小伍第三次投不中时,小霍阴阳怪调地说:"再来一个,总有投中的时候嘛!"小伍再次还没投中,小霍继续冷嘲热讽:"命中率有进步!"如此这般,在整场比赛中小霍表面上是给小伍捧场,实际上却在奚落他、挖苦他。

工作中小伍经常获得奖励,小霍最喜欢对他说:"脑袋那么好使,叫咱这样的笨蛋脸往哪儿搁呀?"在背后,小霍好像开玩笑似的对其他同事说:"小伍的拍马屁功夫了不得,弄得领导们服服帖帖……哈哈哈!"

在一次讨论方案的会议上,小伍刚刚说完自己的设想,请大家发表意见,小霍就用不阴不阳的口气说:"小伍花了这么大的工夫,搞了这么一堆材料,一定很辛苦,我怎么一句也没听懂呢?是不是我的水平太低,需要小伍给我再来一点启蒙教育?"

他的话一出口,小伍的脸就气红了,说:"有意见可以提,你用这种口气是什么意思?"显然,小霍的话是太刺激人了。面对小霍的恶言恶语,小伍本想反击,但一想君子报仇十年不晚,于是又隐忍作罢。

后来,小伍升级的速度比小霍快,当上了小霍的上司。终于有一天,小伍逮住小霍的错误,借机将他调到单位下属的一个小厂接受锻炼去了。

美国诗人惠特曼说过:"对人不尊敬,首先就是对自己的不尊敬。"你希望别人怎样对待你,你就应该怎样对待别人。你尊重人家，人家尊重你。不尊重别人就会深深地刺伤别人的自尊心，并且让别人勃然翻脸，这样对自己也没有什么好处。用友善的眼光注视别人，对每一个人投以微笑，用友好的方式来表达自己，别人也会以同样的方式来回报你。尊重学校里的每一个人，这不仅仅是一句口号，更重要的，需要你切实地去贯彻执行。

四、与同事领导和睦相处

教师要让自己融入团队中去，和学校的同事和领导保持融洽的关系，对工作会带来很大帮助。开展团队合作，需要和谐的气氛。一个优秀教师，应该支持和理解领导，也要善于获得领导的帮助和支持；和同事之间要互相帮助，和睦相处。

先来谈谈教师如何与校长相处。在学校，校长是管理者，教师是被管理者，二者相互依存。作为教师，必须善于处理和校长的关系，达到和谐协调，才更有利于个人事业的发展和团队合作。

某学校有一个会计，她对业务很熟悉，工作上也未出现过任何差错。但她有一个致命的弱点，就是好在背后议论别人。校长家有一个女儿，年龄有些大了，一直没有出嫁，不知是什么原因。一天她与另一同事闲聊，好议论的脾气又上来了，不经意间说起了这件事，说是校长的女儿作风不正，所以没人要，正当她说得兴高采烈的时候，校长从旁边路过，被他听到了一些。从那以后领导就不再信任她，并且不再相信她做的账目。

其实这所学校的业务十分简单，每天收入支出即使不算细账，大约心里也有数。但校长始终对她不放心，终于找来一个其他单位的老会计来查她的账，查了一阵也没发现什么问题。但校长还是对她没有好脸色。她的心里也一直被校长的不信任态度所笼罩，无法高兴起来，觉得工作起来一点意思也没有，后来申请调到一所偏远的学校去了。

上面这个例子中，女会计就是因为几句闲话，最后调离了学校。背后说闲话是一个团队中很忌讳的事，虽然有科学家认为，背后说他人闲话是人类的一种重要需求，排在吃饭、喝水之后，性欲之前。有句老话说："谁人背后不说人，谁人背后无人说。"这说明背后议论他人是一种比较普遍的现象。现实生活中，人们热衷于或嫉妒或艳羡的论人短长，其实并非出于恶意，大多只是一种心理转移，目的是排解自己的压力。有调查显示，朋友、亲戚等认识熟悉的人往往是自己议论得最多的人，而且许多是负面评价，但这不代表说闲话者真的讨厌他们，只是因为彼此很熟，潜意识中觉得危害较小。

虽然女会计对校长很可能没有恶意，但她的"闲话"的确伤害了校长的感情。作为教师，要克制自己说领导、同事的闲话，尽管说闲话也算是人之常情，但如果总是在背后说人长短，就是真有心理问题了，而且难免传到当事人耳边，这样就会严重影响同事之间的感情，甚至演变成冲突。

如果你对领导有意见，最好当面向他提出，但要注意方式，切不可当面不说背后乱说，尤其是说一些与工作无关的、损伤领导人格与名誉的话，更是不可取。

要成为一名优秀教师，应该学会过校长这一关。

那么，具体怎样做呢？

1. 在工作上支持校长

圆满完成学校交给自己的任务，就是对校长最大的支持。这样的好教师校长自然会倍加珍惜维护。

有些时候，要主动替校长考虑问题，将有关工作的信息适时提供给校长，出主意、想办法。你为对方着想，对方自然也会替你分忧。

2. 维护校长的威信，但不做马屁精。

在领导位置上的人，都有威信的需求，如果你能给领导面子，领导体会到你的善解人意，又佩服你的人格尊严，自然会在工作中给你提供支持。

维护校长的威信，注意不要在公开场合指责校长。在处理学校事务的时候，难免有这样那样的分歧，这是很正常的事，可以和校长坐下来慢慢沟通，不要当面让校长难堪，即使你的意见是正确的，也不必干这种打人脸的事。

另外，要多提建议少提意见。学校处理很多事，总是不可能尽如人意的，对于这种情况，有的教师会选择不满意、发牢骚，提意见，但往往不能解决问题。换个角度看问题，意见就可以变成建议。

3. 不卑不亢 和谐相处

有些教师对校长有惧怕心理，在校长面前总觉得压抑，那就

是没有把校长当成常人看待，总觉得校长高人一等的缘故。说白了，就是有些自卑感。其实，校长也是一个普通人，跟普通教师没有什么区别，只是分工不同罢了。作为教师，完全可以把校长看作一个平常人，不卑不亢，平等相待，那样气氛会融洽得多。

跟校长相处，不要过分谦卑，如果你过于谦卑，那是一种浅薄，校长是看不起你的。

要和校长和睦相处，最好把握不即不离的原则。你不能离校长太远了，他当你不存在。但也不能过往甚密，保持一种君子之交为好，而且那样会引来别人嫉妒，会给你带来一些不必要的麻烦。

总之，跟校长和谐相处也不是什么难事，但需要在跟同事朋友相处的基础上多一个心眼。当然，这里说的是普遍现象，对于那种成天不问教学，只知敛财和往上爬的校长，那种不关心教师痛痒的校长，是不值得与之和谐相处的。

关于教师如何和同事和谐相处，特别值得年青教师们注意。一些年青教师受到社会风气的影响，自我意识过强，没有意识到与同事和谐相处的重要性，比如在与同事相处中，有的缺少集体合作、和谐共处意识：办公室的报刊，一人占有；电脑，一人享用；开水，从不去管；卫生，也似乎与他无关。有的在教学活动中，缺少互助共进的精神，过分特立独行，不愿承担该做的一份工作，更不愿为帮助同事吃一点苦。

更有甚者，不仅不愿听同行的课，还对同事封锁教学信息，猜疑妒忌，相互拆台，甚至采取不正当的方式，谋求所带学科虚假的考试高分；有的走上讲台时间不长，却对中老年教师不太尊敬，或直呼其名，或以己之长抑人之短，更有任意贬低之言；有的忘记了教师雅洁的本色，随俗入流，吹吹拍拍，吃吃喝喝，搞小圈圈。应当说，这样的青年教师，已经不是与人和睦相处的意识问题，在做人和师表上是不合格的。

一个道德素质高的教师总是能心诚地对待同事，力图避免侵犯同事的尊严、影响合作的种种行为。对同事取得的成绩由衷地表示祝贺，在业务上和修养上能取长补短。对于同事的表现和有关工作的批评在其当面而非私下进行。承认自己在教学、教研上的不足，努力客观地对待同行的评价。对自己取得一点成绩或受到一点批评都能坦然处之。

有人总结出教师与同事相处的三个基本原则：互信互尊、积极合作、共同发展。

互信互尊指的是，每一个教师都应理解其他教师的工作责任和工作环境，以平等的态度信任和尊重其他教师。

疑人之心不可有：有些人警觉性很高，时时处于提防状态，一见人家议论，就疑心在说他；有些人喜欢把别人往坏处想。过于敏感其实是一种自我折磨，一种心理煎熬，同事间神经过于敏感的人，关系肯定搞不好。

嘴上便宜占不得：有人喜欢说别人的笑话，虽是玩笑，也绝不肯以自己吃亏而告终；有的喜欢争辩，有理没理都要争三分，给人的感觉是太好胜，锋芒太露，难以合作。

杂务不杂宜常做：几个人同在一个办公室，每天总有些杂务，如打水扫地、拿报纸等，这些小事，应该积极去做。如果同事的年纪比你大，你更应主动多做些。懒惰是人人厌恶的。

同事隐私不打听：如果喜欢探听，即使什么目的也没有，人家也会忌你三分。爱探听人家私事，是一种不好的行为。

积极合作指的是，任何一个教师的工作只是整个教育工作的一部分，教师之间必须形成合作关系，才能顺利完成教育教学任务。

共同发展指的是，大家一起发展，教师之间的交往与协作不能以损害他人的利益和工作效果为前提。

做到上面三个基本原则，和谐的氛围基本可以形成。但作为教师，还有一个更高的境界：主动让人，乐于助人。

主动让人指妥善处理与其他教师或教师集体在工作交往中的矛盾与冲突。有些人在与同事相处中，"利"字当头，什么亏都不能吃，什么便宜都想占，工作拣轻的干，待遇往高处要，看别人时带着显微镜高标准、严要求，对自己就总是网开一面、另当别论。如果能够做到严格要求自己，在工作中与他人积极配合，在生活中与人为善，以宽阔的胸怀待人处世，以严格的标准要求自己，这样的人放在哪里会不受欢迎呢？

工作中，有能力时就主动帮助同事。帮助同事，并不一定要在大事上帮助才显示出的你的深情厚谊，只要在平常的一些小事上多帮助同事，一样能够赢得友谊。乐于助人，体现的是教师对集体利益的考虑和对团队精神的追求。

五、处理好竞争与合作的关系

一名教徒很想知道天堂是什么样子。他问先知伊里亚："地狱在哪里？天堂又在哪里？"

伊里亚没有回答他，而是拉着他的手领着他穿过了一个黑暗的过道，来到一个殿堂，他们走过了一个铁门，走进了一间挤满了人的大屋，这里有穷人也有富人，有的人衣不蔽体，有的人穿金戴银。在屋子的中间，有一个熊熊燃烧的火堆，火堆上面吊着一个大汤锅，锅里的汤沸腾着，飘散着令人垂涎的香味，汤锅的周围，挤满了面黄肌瘦的人。他们每个人手里都拿着一个好几尺长的大汤勺。汤勺的一端是个铁碗，勺柄是木制的，这些饥饿的人们围着汤锅贪婪地舀着，由于汤勺的柄非常长，汤勺也非常重，即使是非常强壮的人也不可能把汤喝进自己嘴里，而不得要领的那些人不仅烫了自己的胳膊和脸，还把身边的人也烫伤了，于是，他们相互责骂，进而用汤勺大打出手。先知伊里亚对那个教徒说："这就是地狱"！

然后，他们离开了这屋子，通过另一条幽暗的过道走了好一阵子来到另一间屋子。同前面一样，屋子中间有一个热汤锅，许多人围坐在旁边，手里拿着长柄汤勺，也是木制的柄铁制的碗。除了舀汤声外，只听到静静地满意的喝汤声，锅旁边总保持两个人，一个舀汤给另一个喝。如果舀汤的人累了，另一个就

会拿着汤勺来帮忙。先知伊里亚对教徒说："这就是天堂"。

原来，天堂和地狱都不遥远，它就在我们身边：相互协作就是天堂，彼此争斗就是地狱。

不过，对于如今的教师来说，有一个问题很现实——如何处理竞争与合作的问题？

现代社会是一个充满竞争的社会，竞争成为现代社会不断前进的动力，没有竞争就没有活力。一所学校要发展，要提高教育教学质量，也需要竞争。如今，学校之间的竞争，教师之间的竞争，学生之间的竞争都已成为事实。那么，我们如何看待竞争呢？

首先要肯定竞争的积极作用。竞争是一种激发自我提高的活动，教师之间有了竞争，就能激发调动广大教师的积极性和主动性。每位教师为了在竞争中胜出，为了实现自己的价值，就会不断地努力，对自己的工作投入更多的情感和精力，促使自己不断提高、不断完善。在竞争中很多的优秀教师会脱颖而出，学校也可以从中发现所需人才，选拔骨干教师，发挥其示范、辐射作用，引领教师的专业成长。而且，在竞争的过程中，通过比较，更多的教师能客观地评价自己，发现自己的局限性，于是自我反思，自我完善，提高了自身的专业素质。使得学校更富有生气，提高了教育教学质量。

但竞争决不能排斥合作，如果一味强调竞争，没有教师间的合作，则往往造成不必要的摩擦和内耗，将产生极大的恶果。而今，每位教师都越发地感受到各种竞争带给自己的恐慌与焦虑，失败者往往要承受巨大的精神压力，甚至付出物质代价。为了维护自己的利益，教师必然由一种教学常态衍生为恶性竞争，形成各自为政的"围城式"教学。优秀教师的智慧和经验不愿与他人分享，成果得不到推广；年青教师由于求师无门，不得不"闭门"摸索，教育观念和视野不可避免地陷入狭隘和单一，阻碍了专业成长；整所学校处于封闭、保守的教学氛围。于是，直接导致了教师人际关系的紧张，影响了教师之间的交往，也影响了与学生的交往。

如果善于把竞争与合作结合起来，消除阻碍教师合作的消极因素，引导教师既竞争又合作，采取合作与竞争的交替方式，就能突破孤军奋战的局限，把自身优势与其他教师的优势结合起来，把双方的长处最大限度地发挥出来，既提高自己也提高别人的竞争力，实现变"内耗"为"共享"。

要做到这一点，应设法把关注考试成绩的竞争转化为关注教学水平、专业成长的竞争，把"单打一"的个体竞争转化为互助合作的群体竞争，把竞争的压力内化为自我唤醒、责任感强、专业提升的内驱力。具体通以下两个方面实现。

1. 引导在教育科研中竞争与合作。如今的教师必须具备教育科研的素质，培养研究型教师。学校成立教研组，在校本教研中确定教学专题研究或课题研究，做到人人有任务，个个都参与，使不同程度的教师都有再提高，再发展，有贡献。在研究中教师互相学习，取长补短，相互合作，共同交流，共尝甘苦，共

同体验成功与喜悦。

2. 引导在教学改革中竞争与合作。教学是学校工作的中心，课堂教学质量是关键。为此，每学期各级都会举行教学竞赛活动。学校可以进行校内比赛，要求绝大部分教师参加，通过比赛评出优秀，参加学区竞赛。无论是校内教学评比，还是推荐教师参加学区教学竞赛，都是全员参与，参与的过程是一个既竞争又合作的过程，是一个人人得以提高的过程。这样学校的整体教学水平就会有较大的提高。例如，一个教师要参加教学比武。执教者即使有再多的能耐，毕竟显得单薄。而真正捧给观众的那节课，其实已凝聚了指导老师，教研组，其他老师的心血和智慧。类似这样的互助合作的群体竞争已成为时尚，值得推广。

当前各个学校正面临着合作与竞争并存、挑战与机遇同在的新时代，教师也面临着广泛合作、内外竞争的局面。摆在绝大多数教师面前的突出问题，是如何处理好合作与竞争关系。作为一个优秀教师，更要理解和把握适度竞争与充分合作之间的辩证关系。

第七章　呈现精彩课堂

■做好课前准备

■让学生成为课堂的主人

■善用语言和体态

■精心打造课堂细节

■在反思中成长

一、做好课前准备

课堂始终是教师搞好教育教学活动的主战场。能否上好每一堂课，将成为衡量教师的重要标准之一。

上好一节课，课前准备是非常重要的。充分的准备是成功的一半。想要在课堂上应对自如，首先要备好课。备课是教师进行教学活动的首要环节，是整个教学活动的前提和保障，质量的好坏直接影响教师的教学效率和学生的学习效果。

备课要重视钻研教材，一个教师只有在全面深入的理解教材、把握教材的基础上才有可能去上好一节课。

备课要明确教学点，任何一堂课必须有明确的教学点，并且每个教学点必须有具体清楚可操作的教学目标。教学点缺漏或者模糊，会严重影响课堂教学效率。教学点的确定，必须根据新课标和学生的基础精心设计。教学点一是知识点，是课堂教学的根本点，教学中应突出重点，解决难点，围绕知能的结合点。二是能力点，主要指掌握知识能力、应用知识能力、思维能力、动手操作能力。三是非智力因素点。以上各点必须明确、到位。全面考虑这节课，把握住它的重难点，哪些地方需要重点讲解；哪些地方可以一带而过；哪些地方可以放手给学生；哪些地方可以小组合作解决。"胸有成竹"才能画好竹子。

具体来讲，备课需要把握好以下几个基本环节：

一、熟悉和钻研教材

教材是学生学习和教师教学的依据和母本，教师作为教学的主导者，必须对所教学的内容做到心中有数才能正确传授，因此我们在教学前就要深入钻研教材，了解教材的编排、教材的内容和教学的目的要求、学生需要掌握的知识点等相关内容，为教学的设计提供依据。教材包括课本、教学参考和教案、练习册等有关书本。

另外，教材对学生来说，有可能会出现太难、太偏、太陈旧等问题，甚至难免会有错误。这就要求教师带着疑问备课，即备教材知识时认真思考，概念表述是否科学、例题展示过程是否繁琐、事例是否陈旧等问题，并要及时查阅最新的相关资料，找到解决问题的办法。

二、备教法

就是解决如何教的问题，选择恰当的教学手段和教学方法以实现教学目标。在每个教学环节，采用什么教法和学法最省时有效，在备课时教师就要选定好。恰当的教学方法符合学生的认知规律，使学生可以接受，最终实现了预期的教学目标并收到好的教学效果。新课程强调把课程视为学生的经验，要求改变学生的学习方式，确定学生在课程中的主体地位，建立自主、探索、发现、研究以及合作学习的机制。而要达到这一要求，必须充分了解学生，找准教学的起点。

三、精心设计教学各个环节

教学过程是个严密的思维过程，是环环相扣的连环过程，如

果有一个环节出现脱节，其余环节就会受到影响而自动断掉，教学过程就会出现冷场，就会影响教学效果。因此我们应该在教学前精心设计好各个环节的教学，并且精心设计好各个环节中的过渡问题，使其整个过程环环相扣。同时考虑好在各个环节中可能出现的一些意外情形，做到预防在前，应付自如。

四、相关内容的课外资料的收集

在教学时，有些教材中提及的许多重要内容和重大事件并没有详细的介绍和讲解，但又不得不向学生讲解的内容，就必须通过教师查阅相关书籍或上网查找资料，向学生清楚正确地讲解。如果教师没有做好这方面的工作，教学效果就可想而知了。

五、相关教具的提前准备

为了使教学收到更好的效果，有时需要用到一些相关教具或一些实物等，只有提前做好准备工作才不会临时抱佛脚，把学生晾在一边，课堂秩序一片混乱，教学效率极低。

每堂语文课的预备铃响过之后进行一些小型的全班性活动。可以进行词语接龙，背背古诗、儿歌，出个谜语让大家猜猜，或者向大家介绍一本自己看过的好书。这段时间虽然很短，但是它既是一种知识的积累，又可以让学生很自然地进入上课的准备状态。这些活动开展的同时，教师要注意用亲切的目光、微笑的表情参与到学生的活动中去，使学生和学生之间、教师和学生之间气氛融洽。往往这样的活动开展完后，整个教室里充满了浓浓的语文气氛，等正式铃声一响，学生就能够很快地投入到学习中去。

教师可根据不同类型的教学内容选择灵活的教学方式，设计富有情趣的教学环节，激发学生的兴趣。上面的例子是一个语文教师对课前气氛的渲染，这也是一种很有效果的课前准备。

　　做好准备工作，教师还要穿戴得体，讲究仪表。

　　成功取决于两方面的素质，一是内在精神力量、气质修养。二是外在的衣着服装、言谈举止。这两方缺一不可。没有内在精神力量，不可能成功，只有那些精力充沛、勤奋努力的人才会在事业上孜孜以求，成为一个成功者；而一个成功者，同时在外表上也应该是一个举止大方、精干洒脱的人。外在的素养与内在的气质都是成功者必不可少的。教师也不例外。得体的外在形象，让学生看到你，就会有一种美的享受，使他们更欣赏你，是实现教学目的的一种积极手段。所以教师在上班时，应穿着便于工作、与工作环境协调的服装，并且要庄重整洁，千万不要穿奇装异服。

　　做好准备工作，最后要做到以饱满的热情走进课堂。

　　赞可夫曾说过："如果教师本身'燃烧着对知识的渴望'，学生就会'迷恋'于获取知识。"一位卓越的教师要有角色意识，演员演戏需要进入角色，教师站到讲台上讲课同样需要进入角色。赋予角色意识的教师，能够深入学生的内心，体验学生当时所产生的感情，能在教学内容与学习主体之间建造一座沟通的桥梁，使师生双边活动配合默契，情感相通。

　　教师千万不要带着不良情绪进课堂，这样只会影响到教育教学效果，甚至损坏自己在学生心中的形象，疏远师生关系，造成

无可挽回的后果。所以，教师要不断净化自己的心灵，天天都以愉悦的心情、微笑的面容、饱满的热情走进教室。

教师教学中自然流露的激情、广博的知识和精湛的授课技巧都能潜移默化地感染学生，形成师生之间情感的交融。这种情感的互动能激发学生的潜能和创造力，使学生学习兴趣得以巩固和持久促进其学业的发展。为了能够达到这一教学效果，教师有必要在课前做好充分的准备。

除了自己做好课前准备，教师还要引导学生课前准备。学生课前准备是提高教学质量的前提和条件，所以教师要引导学生课前预习，引领学生自学方向。教师可以在课前就出示预习提纲，让学生明确预习的内容和步骤，使学生预习时做到有的放矢，但要求最好不要太高，不要一开始就抹杀了学生的自信心。同时，还要提醒学生准备好学习工具。

黄老师这节课的内容是"我们只有一个地球"，课堂设计的其中一个环节是让学生汇报自己发现的破坏环境、浪费资源的现象。经过小组讨论之后，同学们纷纷开始发言，而在那么多发言中，最引人注目的是一个高个子女生。她带来了一瓶已经受到严重污染的河水，当轮到她回答时，她从容不迫地举着瓶子向同学和老师讲述这瓶水的来源、受到的污染情况、带来的危害等等，从她自信、流利的话语中不难看出她的确做了充分的课前准备。

二、让学生成为课堂的主人

著名作家马克·吐温有一次听牧师演讲。最初，他觉得牧师讲得很好，很受感动，就准备捐款，并掏出自己所有的钱。过了十分钟，牧师还没有讲完，他有些不耐烦了，决定只捐一些零钱。又过了十分钟，牧师还没有讲完，于是他决定一分钱也不捐了。

牧师终于结束了冗长的演讲，开始募捐，马克·吐温由于气愤，不仅没捐钱，还从盘子里偷了两元钱。这就是著名的"超限效应"。

如果一个教师只是喋喋不休地讲着授课内容，而不能够合理地安排课堂教学，这种"超限效应"同样会发生，最终表现为学生讨厌上某科目的课，甚至是讨厌教这科目的教师。

新课程标准明确指出，学生是学习和发展的主人。表现在课堂教学上，就是要构建开放的、充满活力的课堂体系。而要使课堂活起来，课堂的主人翁必须动起来。教师要转变角色，要成为学生学习活动的组织者、指导者、学生个性发展的服务者。把问的权力放给学生，把读的时间还给学生，把讲的机会让给学生，引导学生养成自动、自学、自得地寻求知识，获得知识。

如何才能调动学生的积极性，让他们主动地参与教学过程，成为学习的主人呢？

第一，精心设疑，激发兴趣。

兴趣是最好的老师，是成长最大的动力。学生求知的兴趣一

旦被调动起来，他们就会积极参与，努力探究，并乐此不疲。在教学中，充分利用学生对问题的兴趣和好奇心，把质疑的主动权交给学生。让学生主动的提出问题，解决问题。

比如，一位老师在上《夕照》一课时是这样导入新课的："同学们，今天我们来对对子。"老师开始出题："天对（地）、云对（风）……朝阳对（夕阳），日出对（夕照）……"就这样一场生动的对对子游戏拉开了新课的序幕。

这位老师采用游戏这种对学生极具吸引力的形式很快地吸引住了学生的注意力，同时这次导入也唤起了学生对旧知的回顾（上一课学生刚学过《海上日出》）把日出和夕照放在一起，学生更会对这一组截然不同的景象产生更大的兴趣，另外对对子也是该单元《积累·运用》中的一个训练内容，因此它又起到了一个"顾后"的作用，真可谓是"一箭三雕"。

再比如，一位教师讲授一年级《统计》一课时，放映了一个动画片段：大象今天过生日，森林里的小动物都来了，小动物们给大象准备了各色的鲜花，动画展示每个小动物手里捧着各色的花，而大象想知道每种颜色的花各几朵，同学们马上说："帮他们数数。"但花的颜色繁多，越数越乱。于是，又有同学发起疑问："有没有更好的办法？"这样自然而然地进入到了统计教学。教学过程中，教师又引导了学生质疑，根据统计表可提出哪些数学问题。

第二，放手质疑，自主学习。

新课程强调要营造教学相长，积极互动的教学氛围。这就要求教师让学生自主地选择学习内容，让学生个性化地学习。当学生对一个问题认识模糊，或是阐明一个问题需多角度、多层次进行时，把问题交给学生，让他们自由讨论，各抒己见，共同交流，寻求解决问题的方法和结论。

比如，一位历史教师讲授秦末农民战争时，提出了这样一个问题："如果陈胜、吴广没遇到大雨，秦末农民起义还会爆发吗？"学生通过激烈讨论，畅所欲言，深入探讨，彼此交流，课堂气氛活跃，学习兴趣浓厚，锻炼了学生的口才，发挥了学生的主观能动性，突出了学生的主体性，也发展了学生的个性。

再比如，初学一篇课文，老师可让学生自学生字，看看你可采取什么样的方法把它记住？课文的主要内容是什么？写作顺序是什么？从中领悟到了什么？这样来使学生的自由探究有一定的目的性。在学生充分自探之后，采取汇报成果的方式谈自己的所获和所疑。

第三，集思广益，合作学习。

新式的积极互动充满活力的课堂离不开合作，合作学习畅所欲言是自主学习的一个重要特征。教师在教学中要选择学生感兴趣的部分进行合作，使学生在合作学习中各抒己见，相互启发，使思维的广度和深度不断地加宽加深。

比如，一名教师在讲授《雷雨》一文时，雷雨后的部分作者准确形象地描绘了一幅雨过天晴的自然图画。为了表现雷雨后的太阳、彩虹、蝉、蜘蛛、池塘、青蛙的状态。教师让学生认真反复地朗读课文，然后请学生到前台来，把课前准备好的活动图贴

在相应的位置上，同时进行说话训练，即把所贴的图画用一两句话描述出来。

学生马上动起来，边贴边说。通过学生的合作，展现了一幅多彩的雷雨后的景象。学生在贴图中训练说话，既活跃了课堂教学气氛、激发了学生学习兴趣，又增强了学生学习的主动性、积极性，还训练了学生的语言表达能力和想象能力，提高了语文的综合素养。

第四，提高能力，探究学习。

新课程突出强调学生创新精神和实践能力的培养，想要做到这些，必须通过学生具体的探究活动来实现。这就要求教师不断引导和指导学生去主动探究，更期待它能够内化为学生经验系统的一部分，成为一种良好的学习习惯。

比如，在上《十里长街送总理》一课时，一位老师是这样引导学生将课内外知识相结合的。课前，教师布置预习，让学生查阅有关周总理的资料，并给出了几种查阅的途径。由于做了充分的课前准备，上课时又通过交流学生增进了对周总理的了解和崇敬。在交流过程中，老师引导学生用归纳性的语言讲述，这又很好的训练了学生抓重点归纳知识的能力以及语言表达能力。

有一个美国教育考察团到我国某地考察中学的科学教育，在当地一所重点中学，他们听了一位物理特级教师执教的公开课。这位物理特级教师开始上课时即制定了非常明确的目标，过程根据目标展开，非常流畅。无论是教师的语言表达与问题设计，还是学生的回答，都称得上十分精彩；特别是学生那对答如流的表现，以及教师对课堂时间分秒不差的把握，令陪同听课的一些领导和教师都感到自豪，心中美滋滋的。按照我们的评课标准，这节课无疑是一堂高效的、非常成功的公开课。下课后，美国考察团的成员们却流露出疑惑的神情。他们坦率地提出：既然学生对教师提出的所有问题都能准确无误地回答，那么学生上这堂课还有什么意义呢？

这堂课的最大问题，是学生似乎像配角或道具一样，被放到一个次要的位置，而教师成了课堂的主角和主人。美国考察团的疑问的确值得深思。当学生成为学习的主人、课堂的主人，他们就和教师主体形成一种平等关系，教学形式就从"独白"变为"对话"，这就是如今教育界提倡和推崇的"对话教学"。"对话式"教学越来越成为广大教师和学生喜欢的教学方式。需要注意的是，如果课堂上表现出来的是一种虚假的交流、互动，课堂回响的依然是千篇一律的"懂了"、"会了"的声音。这样的"对话"不得不引起我们的思考。

情形之一：老师满堂问，学生机械答

教师虽然从形式上给予学生自由言说的机会，但是整个对话都牢牢地掌握在教师预设的框框中，教师不是"主导"，而是"主宰"。课堂的基本框架是：①提词 ②回答。教师总是高声发问"是不是?"，学生一起回答"是"，教师再接着问"确定不确定"，学生肯定地回答"确定"。由于问题都是根据教学目标来设计好的，学生的思维基本在教师的掌控之中。教师并未充分认识到对话式教学的实质，而简单地理解为只要教师提问，学生回

答就是对话式教学，而不考虑是否真正启动、激发了学生的欲望与思维，是否体现了追问和启发的精神。这样的课堂对话所表现也来的不是学生学习、感悟和建构知识的过程，而是被教师牵引着的模式化的表演

情形之二：老师放手，学生自由发言

新课程提倡学生为主体，放手让学生充分的探究、体验、争辩、发现，生成新知，完成知识的意义构建，智力的有效发展。然而在新课程的实践中，有的老师怕招来不以学生为主体的"罪名"，干脆采取"失声"；任由学生就一些简单的思维力度不大的问题"踊跃发言"、"积极对话"，教师在课堂上只是对学生的回答一味地大加表扬，而不向纵深引导。表面上看去整个课堂是热热闹闹，学生的思维活动并没有真正展开。在这样的课堂上，作为"组织者和引导者"老师放弃了自己应有的职能，使整个对话变成为无所作为的"假对话"。

情形之三：少数学生的一言堂

新课程的课堂要求我们教师尊重学生，关注差异，保障学生对课程的享用、参与和评价的权力。尽可能地让每一位学生能够学会倾听，学会交流，学会合作。然而在现实中有些老师的课堂已经变成了少数尖子生表演的舞台，他们垄断了对话权，课堂上频频发言，而其他学生几乎没有自由表达的机会。这种体现个别忽视多数的对话也不是真正的对话。

对话式教学的真正落实，很大程度上取决于教师对这种新型的教学观念的理解和掌握以及教师本人的教学艺术水平。在"对话"的课堂中，教师已由传统意一义上的知识传递者与目标管理者；转化为心理诱导者、方法引导者、学习指导者。课堂教学要真正实现民主与一开放，就必须将"对话"的理念根植于心，将对话视作是一种教学理念，是一种教学策略，是一种教学行为。这就要求我们教师在课堂上转变教育方式，改革学尘的学习方式，让学生真正参与到对话中来。

总之，学生是学习的主人，课堂是学习展示的平台。教师要做好"引路人"，使课堂充满生机活力，引导学生自主、合作、探究，让课堂成为学生展示自我的舞台，"对话"的平台，这应是每一位优秀教师所追求的目标。

三、善用语言和体态

在非洲有个传道的牧师，一次他去给非洲热带的土著居民宣读《圣经》。当他念到"你们的罪恶虽然是深红，但也可以变成像雪一样的白"时，他一下子愣住了。因为牧师突然想到，这些常年生活在热带的土著人，怎么会知道雪是什么样子、什么颜色呢？而他们经常食用的椰子肉倒是很白的。于是，牧师机灵地用椰子肉来作比喻，将《圣经》改念为："你们的罪恶虽然是深红色的，但也可变成像椰子肉一样的白。"

"雪白"虽然很形象，但"椰子肉的白"也很形象。而这位

机灵的牧师只用了后者来作比喻，把这个信息有效地传给了土著居民。就是说，这位牧师灵活地运用了语言方面的技巧和修饰。

哲学家葛拉西安在他的《智慧书》中危言警告："没有一种人类活动像说话一样需要如此谨慎小心，因为没有一种活动比说话更频繁、更普通，甚至我们的成败输赢都取决于此。"与熟练掌握说话艺术的人交谈，是一种享受。马卡连柯说过这样一句话："同样的教学方法，因为语言不同，效果就可能相差20倍。"语言是课堂上师生交流的重要手段。"说"是老师才华的直观体现。准确、流畅、生动、优美的语言可吸引学生的注意力，从而启迪学生思维，使学生在轻松、愉悦中获得新知，巩固旧知，培养能力，足见教师语言魅力之所在。

那么，如何靠语言吸引学生，使学生的眼球随你而转动，我们可以从以下几方面入手：

第一，规范正确，清晰流畅。教师的课堂语言质量直接影响到教学的效果，而且在一定程度上决定着学生的语言发展水平。因此，教师语言的使用一定要规范正确，不仅要使用标准普通话，还要注意纠正学生的方言、土语和各种口头禅。同时，教师发音吐字要清晰，句子结构要流畅完整，文理要通顺，语言要丰富多彩，具有新鲜感。

第二，简洁明了，不重复，不啰唆。语言要能用一句话说的，就不用两句话去说。

请看下面一段历史教师郝陵生上《原始社会》的教学实录：

原始社会分两个阶段：第一阶段是原始人群，主要有元谋人、蓝田人和北京人；第二阶段是氏族公社。前一时期是母系氏族公社，其典型，前期为山顶洞人，繁荣期是半坡氏族和河姆渡氏族。后一时期是父系氏族公社，其典型是大汶口文化中晚期

这一片段概述"原始社会"的分期，提纲挈领，信息量大。这段话没有一个冗词，句子主干突出，句句相扣。既言简意赅，又严密周至。

必要时，当学生有积极主动地学习行为和发言欲望时，你甚至可以不说话，先做一个旁观者，在旁边观察。教育过程中，应该多留给学生一些宁静与沉思的时间。一个好老师，不应该是一种口若悬河，锋芒毕露的形象，而应该是一个懂得适当地"藏巧"，会激发学生潜能的智者。

第三，语速适中，语调丰富。语速是在单位时间里说出的字数。教师授课语速的要求是以正常语速为主，间有超常语速（特快或特慢语速）。教师在课堂教学中的语速应稍慢于讲话的语速。而且有忽快忽慢的变化。一般情况下，教师采用正常语速进行教学，在强调重点、难点时则应放慢语速，有时也可以使用快语速，以吸引学生的注意力。教师授课语速适中的标志就是学生都睁大眼睛，全神贯注地听教师讲课，眼神里透着思考与理解。如果班级里学习困难的学生，在听你授课时没有眼光游离、低头玩耍的现象，那就说明已经达到了效果。

人们常用高、低、轻、重、缓、急等方面来论述语调方面的变

化。语调是表情达意不可或缺的因素，教师在教学过程中，有必要准确地运用升降、轻重，使自己的语调富有准确性和丰富性。

比如，同是一个"嗯"，对学生的回答作出反应，一般答对了，表示认可，就用平直调；答得很好，表示肯定，就用降抑调；创造性地回答，表示惊叹，就用曲折调（低—高—低）；答偏了、不正确，表示提醒，就用高升调，等等。在与学生互动时，应采用平等、亲切的语气。

再比如，教师在讲解课文时，要注意声调要与课文的基调保持一致，这样才逼真生动。

第四，诙谐幽默，风趣机智。幽默是语言批评方式的一种软着陆，它以笑声代替批评，以诙谐化解尴尬。许多教师体会到了幽默语言的教育力量，所以在教育中经常运用幽默的语言对学生进行教育，收到了较好的效果。

比如，一位教师在上课时遇到了这样的情况：

由于班里有些同学刚参加完学校的表演，来不及卸妆，便带着妆进教室。学生们一个个都盯着这几个同学看，教师便停下讲课说："看来老师是老了，看你们的注意力都被可爱的同学吸引过去了。"全班同学都笑了。

气氛活跃了，教师便抓住教育机会，接着说："上课停两分钟不要紧，我可以等等，或者课下补补课，最多挨老师几句批评。可是你们要知道社会、人生是不会等我们的，机会是不可以补的。抓紧时间就是抓紧生命啊。"同学们再一次笑了，在笑声中他们也都得到了教育。

在适当的时候用幽默诙谐的语言，既可以达到批评教育的目的，又不会伤害学生的自尊心。语言诙谐幽默，不仅可以说出严肃的真理，而且比直截了当提出更能为人接受。

总之，教师良好的语言，是与学生产生共鸣的载体，是走进学生内心世界的桥梁。教师只有充分展现语言的魅力，才能在课堂中走近学生，融入学生之中，才能使我们的课堂变得更加精彩、亮丽。

教师的语言魅力很重要，但体态语言也不可忽视。据统计，人们平时信息资料的总效果，7%来源于词语，38%来源于声音，而55%的是人体的动作和面部表情，也就是说体态语言超过了信息资料的一半还要多。在教学过程中，教师往往注意自己的语言，却忽视了对体态语言的重视，其实，运用动作，表情，姿态等体态语来传达课堂教学信息，调控课堂秩序或气氛，有时会更利于教学，达到神奇效应。

优秀骨干教师周巧琼在教学过程中，将体态语言发挥得淋漓尽致：

开学的第一天，周老师站在讲台上，发出指令："Stand up"，并辅以自身的动作示范，再要求学生们跟着重复同样的动作，五分钟内，学生们就可以自如地对Stand up和Sit down这样的指令做出完全正确的反应。与此同时，周老师也建立了学生们初学英语的信心。

在课堂上，周老师很会赞美学生，除了口头评价外，同时还

运用了体态语言评价学生。如果学生回答问题准确到位，或是学生读书读得好时，周老师会走下讲台，不吝啬地伸出热情的双和学生握手、拥抱，让孩子们感受到成功的喜悦。于是，学生们便更加积极地回答问题，形成了良好的课堂氛围。

周老师还善于照顾班上基础比较差的学生，认为对成绩不好的学生更要面带微笑，用爱给他们织成一片成长的天空，以便学生以更好的成绩回报老师。

周老师在教学中充分运用体态语言表达了对学生的赏识，这对提高课堂教学真是大有帮助。它不但可以帮助学生了解上课的内容，让学生巩固记忆，还可以活跃课堂气氛，引起学习兴趣，从而提高了教学成效。

那么，教师应如何正确运用体态语言呢？

第一，丰富的面部表情。

在课堂上教师的面部表情无疑会参与到教学的全部过程，因为教师的喜、怒、哀、乐都体现在面部，学生首先关注的是你的面部表情，你的微笑将使他们沐浴在爱的阳光下，从而自信心倍增，积极、主动地去发展。如果教师上课时经常板着脸,？则会增加课堂的不安情绪，引起学生的紧张和猜测不利于学生注意的集中；如果教师若无其事、满脸堆笑，又可能使学生过于松弛，造成注意力不集中。

简单说，教师要善于运用面部表情说话和表演，做到笑的时候不要吝啬笑容，应该严肃是就立刻严肃起来。对学生关心如长辈，态度如朋友，给学生一种自然、明朗、民主的感觉，从而促成学生积极的情绪和愉快的心境，以利于知识的学习。

第二，富有多种内涵的眼神。

达·芬奇有句名言："眼睛心灵的窗户。"研究表明，每当教师注视学生的次数减少时，学生注意力分散的情况就会增加。在一个民主和谐的课堂上，师生之间眼神的交流更能触动心灵。

教师常用的眼神方法有三种：一是环视，针对全班的学生。比如每节课前"起立"后，教师面带微笑一环视一下学生，以检查学生的注意力是否集中；二是专注，这主要是针对教学中的个别现象。比如上课时有个别学生小声说话，教师可把视线短暂停留在教室的某一处，某一个或几个学生身上；三是虚视，似看非看，不时地把视线对准学生。比如课堂上有几个学生在搞"小动作"，且这些学生平时表现一贯较好，或自尊心较强时，教师常采用此法，用眼去看一边学生，手却点另一边学生。

第三，适当地运用手势。

教师做的手势，不仅有强调、示范的作用，更能比言语更清楚的表达鼓励及制止学生的行为。比如，当学生们争先恐后，积极发言，乱说一气时，教师用一个"暂停"的手势，一个"举手"的动作，比你千呼万唤更能传情达意。当教师用手势表示10个阿拉伯数字时，比让学生枯燥地去认识更形象、具体。

做手势动作可以遵循以下原则：

（1）双臂离开身体，自然、大方。

（2）不做手势时，双手可自然垂放于身体两侧。

（3）依身材决定手势大小。如果身材娇小者宜放大手势。

（4）手势应多变化，但不能太频繁，否则学生会眼花缭乱，事倍功半。

（5）避免自己习惯性的小动作。

有些老师上课时手上不是拿粉笔，就是拿着课本，这样只会无形中减少了老师使用手势的机会。因此，如果在课前就把教具准备好，上课时就可多了用手势加强说明及管理秩序的机会。

第四，用身体靠近拉近心灵距离。

距离是一种时间和空间上的间隔。在教室中，身体的空间传达了师生沟通，教师也具有了应有的角色和地位。许多老师因身体与学生距离较远，而无法与学生建立亲密的人际关系，形成了一种阻力。学生喜欢与他们亲近的老师，所以教师置身于学生中进行教学活动，比在学生旁边、后面、或坐在桌后的老师，使人更有温暖、友善的感觉。不同的身份，不同的场合，距离的要求是不一样的。一家人和睦相处，距离较近，热恋中的情人距离是1.5米，而教师与学生的最佳距离是0.5～1.3米。

总之，优秀教师要利用三尺讲台，尽情地展现语言魅力，恰到好处地使用体态语言，让课堂更加精彩纷呈。

四、精心打造课堂细节

课堂，说到底是由无数个教学细节组成的。而这些教学细节会对学生产生不可估量的影响。作家魏巍在《我的老师》一文中，回忆自己少年时的老师蔡芸芝先生时，曾经这样写道："她从来不打骂我们。仅仅有一次，她的教鞭好像要落下来，我用石板一迎，教鞭轻轻地敲在石板边上，大伙笑了，她也笑了。"透过孩子的眼光，不难看出教鞭轻落的背后是蔡芸芝老师对孩子无尽的爱。正是这些平常而不起眼的细节深深影响了孩提时代的魏巍，以至数十年后他仍记忆犹新。

古人说："天下难事，必做于易；天下大事，必做于细。"这句话阐述了细节的重要性。细节虽小，但它的力量是难以估量的。看不到细节，或者不把细节当回事的人，对工作缺乏认真的态度，对事情只能敷衍了事。而考虑到细节、注重细节的人，不仅认真对待工作，将小事做细，而且注重在做事的细节中找到机会，从而使自己走上成功之路。

那么，如何打造教学细节呢？我们可以从以下几方面把握：

首先，对教学中随机细节的把握。教学细节的处理，往往无法预设，这需要靠教师的一双慧眼和丰富的经验来抓住随机的教学细节。以细节为突破口，发现学生的闪光点，从而创造精彩互动的课堂。

其次，观察学生上课的状态。态度决定一切。对于学生来说，上课的状态同样重要，关注学生上课的状态，不仅仅是对学生学习习惯的关注，也是学习效果的保证。教师大多都明白这个道理，所以也在一定程度上关注到了。只是一些细微的情节往往得不到教师的注意。一要观察参与状态。看全体学生是否愿意参与教学。二要观察交流状态。看课堂上是否有多边、丰富、多样的信息交流与反馈。三要观察思维状态。看学生是否敢于发问、表达。四要观察情绪状态。看学生是否处于良好的情绪状态。

从学生上课的眼神、说话的语气，以及动作的力度，都能观察到学生的情绪的变化。所以，教师在加强教学技能的同时，还要提高心理方面的知识和观察力。

星期三上午第四节课，高三（5）班的生物课。

上课铃声一响，我一声"上课"，几位学生零星地叫了声"老师好!"。我看着这些孩子，多数显得无精打采，脑袋低垂，腰背弯弯，没有几位同学打眼瞧瞧我，说声"老师好"的就更少了。越接近高考，学生课堂的精神越发显得委靡。

我站在讲台上，一动不动，也一声不吭，此时已经有很多同学稀稀拉拉地坐下去。沉默中，学生似乎意识到什么，学生开始把眼光聚焦到傻傻地站着的我身上。看到学生基本上注意上我时，我说话："同学们，我不会走错了门吧，大家都这样没精打采的，是不是我走进了敬老院呀?"

学生们一听，哄地笑起来了。我接着说："笑得好! 这也就对了，有了年轻人的味道！好了，我们重来一遍！"

接着，我大声地叫了声："上课！"学生们响亮地回应道："老师好！"课堂上的阳光又回来了。

这就是一个精彩的细节处理，老师敏锐地注意到了课堂气氛的沉闷，却没有讲大道理，采取了"欲擒故纵"的方法，最后让课堂恢复了精彩，收到了很好的效果。

优秀教师总是善于用特有的教学机智去捕捉课堂中的每一个教学细节，从"小事"入手，以小见大，见微知著，创造出完美的课堂。细节成就精彩的课堂：捉住一个细节，就能生成一次精彩的教学。

我们再来看一个例子。在《凡卡》（人教版小学语文第十一册）一课的教学中，由于老师及时关注了课堂中的两个细节，致使整个课堂充满了生成的活力，充满了思辨与灵性。

凡卡为什么会写信？

生1：老师，凡卡没有读过书，他根本不识字，为什么会写信？

生2：是啊！小凡卡家里很穷，他才九岁就被送到鞋匠阿里亚希涅那儿做学徒，他哪有钱去读书？

师：这个问题提得很好。凡卡为什么会写信呢？同学们能从文中找出答案吗？

生3：我知道，凡卡会写信，是他爷爷教的。

师：是吗？请你说说理由。

生3：因为从文末对凡卡梦境的描写中可以看出，凡卡的爷爷识字，说不定爷爷在平时生活中曾教过凡卡。

师：说得很好！还有谁认为凡卡会写信是爷爷教的？

生4：从文中"砍圣诞树"一节的描写中可以看出，小时候在乡下，家里虽然穷，但爷爷很疼爱凡卡，闲暇的时候，爷爷一定会教小凡卡识字。

生5：我很有感触，我也有一个非常疼爱我的爷爷，小时候，爷爷常常教我写字，教我背古诗，给我讲故事，晚上还抱着我数天上的星星。我想凡卡的爷爷那么疼爱他，一定也会这么做吧！这样凡卡会写信也就在情理之中了。

师：说得多好啊！原来凡卡会写信是爷爷教他的。谁还有不同的解释？

生6：老师，我认为凡卡会写信，还与另外一个人有关。

师：哦！那是谁呀？是文中的人物吗？

生6：不是。我曾经看过小说的原文，文中说凡卡的母亲在世时曾在席瓦列夫老爷家里当女佣，老爷的女儿很喜欢聪明的小凡卡，教他念书、写字、数数，还教他跳四组舞。由此可以看出，凡卡之所以能写信，是老爷家小姐教他念书、写字的结果。

师：说得很有道理，尝到了多读课外书的甜头了吧！看来，即使凡卡真的没有上过学，他能够给爷爷写信也是合情合理的。

生7：老师，我还有问题不懂。凡卡才九岁，又没上过正规的学校，没受过专门的教育，他怎么会给爷爷写那样长的信呢？既然凡卡会写信，那他为什么又不会写信封呢？

师：这个问题很有价值，谁能够帮他解答？

生1：我认为凡卡写那么长的信是有可能的。综观凡卡的信，用词比较浅显，通篇都是孩子口气，近乎是凡卡口语的实录，所以，这对于凡卡来说只会写字就可以了。而小凡卡在莫斯科过着非人的学徒生活，他多么想爷爷带他离开这儿，他有好多好多的话要对爷爷倾诉，因此信的内容自然就长了。

生2：从刚才同学们的发言中可以看出，凡卡会写信，可能是席瓦列维父老爷家小姐或者爷爷教他识字的结果，但他在平常生活中只学会写字却不曾学过写信封，因此，凡卡把信封写错了也是可能的。

师：读书贵在有疑，"小疑则小悟，大疑则大悟。"我们的课堂不正是在大家积极提问、主动探索的过程中充满了生机和活力吗？老师太感谢你们了！

这个案例中，学生情绪高涨，思维活跃。"凡卡为什么会写信?"这个教学片段虽然不是课前的预设，但教师没有让精彩悄悄溜走，而是及时捕捉到了这个生成的细节，使之成为课堂教学中的闪光点。对于学生的问题，教师采取了"冷处理"，没有马上给出答案，而是将问题再度抛给学生，让学生去思考、去感悟，为学生思维的飞跃提供了一个广阔的空间。"一石激起千层浪"，学生在轻松和谐的氛围中互相探讨，不断闪现出思维的火花，发言一个比一个精彩，最终问题便在师生的共同互动中迎刃而解了。

其实，课堂中的细节无处不在，上述只是罗列了一些，我们不必也不可能什么都去解决，只需抓住重要的、关键的细节去关

注、突破。教学细节看似平常，而平常中蕴含智慧；看似简单，而简单中孕育深刻。作为教师，我们除了要用开放的胸怀去预设理想的教学情境，还应更多地关注课堂中的教学细节，关注教学过程中的互动生成，这样才会在教学中左右逢源，达到"点石成金，出奇制胜"的教学效果。

五、在反思中成长

美国心理学家波斯纳提出了教师成长公式：成长＝经验＋反思。反思是一种思维活动。反思的目的是为了消除困惑，解决问题，促进实践，增强合理性。经常反思自己的教学过程，有助于调整教学心态，改进教学方法，促使自己从经验型向科研型方向发展，提高自己驾驭课堂教学的能力。

那么在新课标下，教师在教学中如何进行反思呢？

首先是课后反思。对于每一位教师，当他上完一节课后对这节课后的感受，肯定会比课前备课的感受更为深刻，更能从中体会该课教学的得与失。因此，课后反思自己的备课与课堂教学，记录自己的感受、体会、评价及修订，总结积累教学经验，具有非常重要的意义。

课后反思的内容，从教师角度讲，主要有以下几点：

1. 反思教学行为是否达到教学目标

新课标要求我们在制定每节课（或活动）的教学目标时，要特别注意培养学生的科学素养即"三个维度"——知识、能力、情感态度与价值观。

现代教学要求摆脱唯知主义的框框,进入认知与情意和谐统一的轨道。因为对学生的可持续发展来讲,能力、情感态度与价值观,其适用性更广,持久性更长。许多知识都随着时间的推移容易遗忘,更何况当今知识更新的速度极快,只要具备获取知识的能力,就可以通过许多渠道获取知识。所以,情感、态度、价值观必须有机地融入课程教学内容中去,并有意识地贯穿于教学过程中,使其成为课程教学内容的血肉,成为教学过程的灵魂。

2. 反思教学过程中是否迸发出"智慧的火花"

教学,不仅仅是一种告诉,更重要的是如何引导学生在情境中去经历、去体验、去感悟、去创造。教学过程中,学生常常会于不经意间产生出"奇思妙想"、生发出创新火花,教师不仅应在课堂上及时将这些细微之处流露出来的信息捕捉、加以重组整合,并借机引发学生开展讨论,给课堂带来一份精彩,给学生带来几分自信。更应利用课后反思去捕捉、提炼,既为教研积累了第一手素材,又可拓宽教师的教学思路,提高教学水平。将其记录下来,可以作为教学的宝贵资料,以资研究和共享。

3. 反思是否创造性地使用了教材

教材,历来被作为课程之本。而在新的课程理念下,教材的首要功能只是作为教与学的一种重要资源,但不是唯一的资源,它不再是完成教学活动的纲领性权威文本,而是以一种参考提示的性质

出现，给学生展示多样的学习和丰富多彩的学习参考资料；同时，教师不仅是教材的使用者，也是教材的建设者。因为本次课程改革中的一些改革理念仍具有实验性质，不是定论，不是新教条，不是不允许质疑的结论，还有待在实践中进一步检验、发展和完善。因此，我们在创造性使用教材的同时，可以在"课后反思"中作为专题内容加以记录，既积累经验又为教材的使用提供建设性的意见，使教师、教材和学生成为课程中和谐的统一体。

当然，反思并不只是单方面注重反思教师的教学行为，应该是教学教学和学生学习双方面的，既有对教师自己教学方面的反思，也应该有对学生学习情况方面的反思。教师在反思自己的同时，还要对学生学习情况进行调查，取得一些重要信息，从而使教师的教学真正贴近学生现状，从学生实际出发，遵循着学生的认识规律，让学生真正成为学习的主体，教师成为学习的组织者和引导者，这才有利于教师反思的全面性。教师还要看学生获得知识的过程中是否积极地主动地投入，在原有基础上是否能有很大的进步与发展。在课堂中致力面向全体同学的同时，教师还要注意因材施教采取不同的措施让"优等生""吃饱、吃好"，让后进生"吃得进"这样才能学有所思，各得其所。

从学生方面讲，教师可有如下反思：

1. 反思教学过程是否适应学生的个性差异

学生的个性差异是客观存在的。成功的教育制度，成功的教育者，必须根据学生的个性特长禀赋优点，因材施教，因人施教，因类施教，充分发挥学生的个性特长，让性格各异的学生争奇斗艳，各领风骚，让每一个学生都有施展才能的天地与机会。换言之，成功的课堂教学，应让基础好的学生"吃得饱"、跑得快，让中等生"吃得好"、跑得动，让学困生"吃得了"、不掉队。因此，无论是情境的创设还是内容的呈现，无论是问题的设置，还是释疑解惑，均应"为了一切学生"，多层次、多维度、多渠道地开展教育活动。因为教育的最大使命就是尊重学生的个性差异，尽可能地创设条件发展学生的思维能力，培养学生的思维品质，促进全体学生的发展。

2. 反思教学过程是否存在着"内伤"

要反思自己是否在刻意追求所谓的"好课"标准：教学环节中的"龙头"、"凤尾"、"铜腰"个个精雕细琢，教学手段中的"电媒"、"声媒"、"光媒"一个不能少；学生讨论热热闹闹，回答问题对答如流。这种"好课"似乎无懈可击，但有没有给学生思考的空间？小组合作学习有没有流于形式？讨论是否富有成效？"满堂电"是否有越俎代庖之嫌？有没有关注学生情感、态度、价值的变化？学生的创造性何在？对这些"内伤"必须认真回顾、仔细梳理、深刻反思、无情剖析，并对症下药，才能找出改进策略。

3. 反思教学过程是否存在"伪探究"

有的探究性学习只表现在问题的探究上，只要教师抛出一个问题，几个学生立即围成一团分组讨论，也不管小组成员的组合是否合理，问题的价值是否有讨论的必要；待几分钟后，教师一

声击掌，学生的讨论戛然而止；再由小组中的"老面孔"?? 优等生发言。至于其他学生，尤其是学习有困难的学生，在讨论时是否真正心到神到力到？是否真正学会了应该学会的方法、技能、知识？就不得而知。这种"神散形未散"的"伪探究"掩盖了个性之间的差异，甚至会剥夺部分学生的独立思考、质疑、发言的权利。那么到底解决了多少"疑难病症"？又有多少学生真正参与、体验了学习的快乐、获得心智的发展呢？

在实施新课程的今天，每一位优秀教师都应经历一个反思和创造的过程，我们要乐于反思，勤于反思。教师在教学中，不断反思总结自己成功的经验和失败的教训，找到自己与他人、与工作目标的差距，寻求缩短差距或解决问题的有效方法，才能在新课程的教育教学活动中驾轻就熟，游刃有余，才能实现自我激励、自我完善、自我创新和自我发展的目标。

第八章　形成自己的教学风格

■教学风格是成熟的标志

■体会多样的教学风格

■在教学中逐渐形成风格

■让风格永远保持鲜活

一、教学风格是成熟的标志

《现代汉语词典》对"风格"的解释则是："一个时代、一个民族、一个流派或一个人的艺术作品所表示的主要的思想特点和艺术特点。"

法国作家雨果曾说："如果没有风格，你可以获得一时的成功，获得掌声、热闹、锣鼓、花冠、众人的陶醉的欢呼，可是你得不到真正的胜利、真正的荣誉、真正的桂冠。"从古至今，但凡成功的作家、艺术家，无不具备自己独特、鲜明的风格。就宋词领域来说，有苏轼的豪放粗犷，有李清照的自然婉约，有晏殊的清新洒脱……无一不是风格迥异而自成一家。

同文学艺术和文学理论研究领域相同，在教学领域，教学风格是教学艺术的最高境界，对教学风格类型的把握，能使我们全面地认识教学艺术的本质与规律，从而创造性的进行教学。教学风格是指教师在长期的课堂教学实践中逐渐形成的教育个性和特色，是在教学语言的运用，教学方法的选择，教学过程的安排及教学情趣，教学风度等方面所显示出的较为成熟稳定的特点的综合。

可能有人会问，教学风格真的有必要吗，风格有什么帮助呢？风格的帮助在于：有了风格，达到目的时不会出现枝节问题。有了风格，你教学的效果是可以估计的。有了风格，你的力量增加了，因为你不再被不相关的东西所干扰。而风格乃是专家独有的专利。

有谁听到过一个业余画家的风格，一个业余诗人的风格吗？风格总是专门研究的产物，是勤奋和努力的结晶。教学风格是教师教学艺术特点的集中体现，是教学艺术高度成熟的标志。

确定一个教师是否形成了自己的教学风格，就要看教师的教学是否长期而稳定地表现出特有的个性和合规律性。教学风格是教师把握教育理论、运用教育理论，完美地运筹和指导教学工作的个性综合素质的体现，是教师在长期的教学实践中独创的"传道"、"授业"、"解惑"之精髓，也是一个教师在教学工作中日益成熟的重要标志。

教学风格一般来说都具有哪些特点呢？这是教师们关心的问题。因为只有真正把握住教学风格的基本特点，才可使教学风格成为每个教师在教学艺术实践道路上的自觉追求。我们认为，教学风格一般具有如下特点：

第一，独特性。

教学风格它是一种独创，是教师"自我"在教学中的一种显示，具有个体性。它是教师自身的个性（思想、情感、意志，情绪等）对教学内容的理解和融合，然后升华成教师的教学价值观，并形成教师自己的教学特色。教学风格体现在整个教学活动中，从教师的教学语言、教学方法、教学情感到教学板书的设计，从教师的备课、上课、作业布置到课外辅导，我们都能感受教师风格的鲜明性和独特性。

第二，稳定性。

由于教师在教学过程中习惯按照自己所熟悉的教材教法、教

学内容、教学表达方式安排教学，扬长避短地展现出自己的特点，获得较好的教学反馈。教师在教学实践中反复运用，不断完善、提高，这就决定了教学风格是稳定的。另外，教学风格的形成与教师的自身素质密不可分，而教师个人的思想品质、爱好特长、气质特征、知识结构、道德修养等不是短时间能够改变的，这也决定了教学风格是稳定的。

第三，发展性。

任何事物的稳定性都是相对的，而发展和变化是绝对的。在教学风格相对稳定时，局部则处在变化之中，因为一切都不变，教学风格就会僵化、老化，进而失去风格色彩。只有局部的不断变化，才使得教学风格不断完善。教学风格形成的基本条件之一是教学的创造性，没有创造就没有风格。而这种创造既表现为对原有风格的局部变革与完善，使其精益求精，对教学行为求新，进行风格的转换。

第四，艺术性。

课堂教学是一门艺术，而教师的教学特色就是指教师的教学个性的总和。要体现教学个性的艺术性，教师就必须使教学生动、形象，并给学生以美感。所以，教师在教学中，不仅语言要幽默、生动，而且设计要巧妙精致。学生听课后才会回味无穷，并且得到一种美的享受。

关于教学风格，于漪老师说："我不敢奢谈流派，但主张语文教师发扬自己的教学风格。有人对戏曲表演的流派提出如下标准，大致是：有继承，有创造发展，为同行与专家所承认，得到观众的欢迎和赞赏。这标准可以在一定程度上运用到教学风格上来。当然也有不同,看戏与听课毕竟两样:戏演唱不好不能强迫人看,但课上不好,学生还得硬着头皮听。"

从于漪老师这段话里,我们得到了两点结论:一是教学风格必须有成功的课堂教学做保障;二是教学风格要有继承、发展和创新,并得到学生的欢迎,同行专业的认可。

在现实生活中,并非所有教师都具有教学风格,一般说来,教师想要形成富有特色的教学风格,就要显示出独有的个性特征,就要在教学领域里不断总结教学经验,摸索教学规律。北大附中特级教师程翔说过:"我们必须以自身为基础来吸取消化别人的先进经验。"也就是说,学习钱梦龙,并非把自己变成钱梦龙;学习魏书生,也并非把自己变成魏书生。教师要敢于张扬自己的个性,更应该善于保护自己的个性,最终形成自己的教学风格。

大凡名教师都形成了自己的具有鲜明特点的教育教学风格。如北京市特级教师刘德武的"自然而不随便,规范而不死板"的课堂教学风格;孙丽谷老师"设计精巧、训练严谨、节奏明快、气氛活跃、反馈及时、效果显著"的课堂教学风格;李烈的"实而不死、活而不乱、易中求深、情理交融"的教学风格;湖北省特级教师杨筱芳"实、活、新、巧"的教学风格,她认为"实"是基础,"活"是灵魂,"新"是途径,"巧"是目的;福建省特级教师游光华"趣——艺术风趣为手段;实——科学扎实为基础;序——程序训练为保证"的独特的教学风格;山东省日照第

一中学语文高级教师、班主任、语文教研组长单东升"注重情感教学，尝试兴趣教学"的教学风格等等。

如果我们回忆那些曾经教过我们的教师，也许已经记不清他教给我们的知识，但一定对教师的教学风格记忆犹新。也可以说，留给我们深刻记忆的教师都是那些风格鲜明特点突出的教师。要想成为一名卓越的教师必须不断磨砺自己的教学风格。

二、体会多样的教学风格

在长期的教学实践中，每个教师都自觉或不自觉地表现出不同于他人的教学特点。教师本人的学识、情感、潜能、心理品质和个性都在教学过程中充分体现出来。可以说，教学过程是教师教学风格的表现，是教师人格的投射、教师风貌和格调的体现，更是教师自我价值的肯定，良好的教学风格是提高教学质量的润滑剂。

教学风格因人而异，类型众多，概括而言，以下几种课堂教学风格值得探索：

第一，理智型。

这种风格主要表现在，教师讲课深入浅出，条理清楚，层层剖析，环环相扣，论证严密，结构严谨，用思维的逻辑力量吸引学生的注意力，用理智控制课堂教学活动。学生通过听教师的讲授，不仅学到了知识，也训练了思维，还感染到了教师的治学态度。

第二，情绪型。

情绪型特征的人，在教学中常以个人的情绪来支配自己的教和学生的学。能够对学生热情，对教学情绪高昂，善于语言表达。这一类型也可称为情感育人型。

第三，幽默型。

具有这种教学风格教师的语言表达手段和非语言表达手段富有情趣，意味深长。教师的语言表达诙谐幽默，情趣横生；非语言表达机智幽默，滑稽有趣，富有蕴含性。学生在教师的幽默教学中，激发了学习热情，学到了知识，发展了智力，得到哲理启迪，逐步养成了乐观主义的人生观和热情、开朗的性格。

第四，典雅型。

这种课堂教学风格的特点是，形象庄重朴实，教学娴熟老练、严谨、一丝不苟，蕴含深远。这种教师的教学指导思想是经典的、权威的，但信奉经典而不守古，能够翻新和灵活运用；在教学方式方法上稳健、完善、和谐，很少有失误。这种教学风格有一种很深、很浓远的审美感觉。

第五，自然型。

具有这种教学风格的教师讲课自然，朴实无华，没有矫揉造作，也不刻意渲染，而是娓娓而谈，细细道来，师生之间在一种平等、协作、和谐的气氛下、在默默的首肯中获得知识。教师讲授虽然声音不高，但神情自若，情真意切，犹如春雨渗入学生心田，润物细无声，它虽没有江海波澜的壮阔，却不乏山涧流水之

清新，给人一种心旷神怡，恬静安宁的感受。

这些类型无优劣、好坏之分。就以在全国颇有名气的几位语文教师而言，李吉林老师细腻委婉的情境教学、支玉恒老师别具匠心的教学设计、靳家彦老师调兵遣将的激情设疑启发、蔡澄清老师以少胜多点拨教法特色鲜明，等等。他们独特的教学风格，赢得了学生的喜爱，同时创造出令人折服的教学成绩。

教学风格是一个教师知识、技能、素养的综合表现和情感、意志、兴趣、人格的集中展示。教学风格的形成有赖于教学艺术上的探索。教学艺术是一门综合艺术，是教师遵循教学规律、创造性地应用各种教学方法和教学手段，完成教学任务、展现个人教学风采的个性教学活动特征。它包括组织、讲解、板书、表达、批评与鼓励、控制与协调等教学技能的创新和创造性的运用。

教学方法：教学方法归根到底是教法与学法的统一，选择适当、运用恰当、方法灵活多样，才能在教学中形成生动、活泼、主动的局面。提倡"因材施教"，根据教材内容、学生知识结构、年龄跨度等来选择最佳的教学方式、方法，以便达到在教与学活动中，师生双方都处在积极主动的运作状态。

板书：课堂上条理明快、工整规范、布局合理、整齐美观、层次分明、娴熟形象的书法板书，板面绘技艺术，具有观赏性、提要性、美观性和极强的教学艺术感染力。培养教师追求板书美，必须从板书、板书设计、板面设计这三个方面入手，使自己的板书成为教学活动窗口，使自己的板书设计、板面设计成为师生间知识和技能沟通的纽带和桥梁。

教学语言：教学语言首先应具有专业性。教学语言的专业性是科学性与艺术性的统一，科学性是学科学术性与教学规律的完美结合，是教师在对所教学科认识与理解的基础上进行的符合教学规律的再创造。艺术性则是以学生迅速理解所讲内容为前提，由教学语言的生动性、形象性和灵活性所形成的极具感染力和主体特征的语言特色；其次，教学语言还是创造和推动教学风格形成的动力。教学语言是创造性的产物，其创造性表现为课前的创造与即兴发挥。

在教师教学风格形成、发展、完善的过程中，必然伴随着教学语言的更加科学化和艺术化，反过来，教学语言无时不在昭示着教学风格的成熟水平与特色。教师的课堂语言是"传道"、"授业"、"解惑"的主要手段和重要工具，课堂上运用准确周密、简洁生动、幽默诙谐、张弛适中的语言，不仅能把书本知识讲得绘声绘色，还能让学生学习知识的同时，享受到语言之美。

作为一名青年教师，除了刻苦钻研大纲、教材，大量解题，苦练教学语言、板书等教学基本功以外，我对自己的执教套路和风格作了初步设计：继承对自己有深影响的名专家、名教师的优良教风，吸取他们教学技艺、教学风格中的精华，结合自身条件和特点，扬长避短，以模拟起步。

模拟的第一类对象是自己曾听过其讲学的著名专家和学者。虽然我没有条件身临其境的听名家的讲座，但是我们有网络这个大课堂。在网上很多高水平、高品位的学术报告给我留下了终生

难忘的印象，使我领略到了数学教学艺术的最高境界。

模拟的第二类对象是自己学生时代的老师。我学生时代的教师风格各异、各具特色。其中不乏名师高手。有的老师思路清晰、条理分明；有的老师精神抖擞、讲课质朴严谨；有的老师教学语言精炼、板书及黑板画美观，徒手画图更时令人惊奇；有的老师擅教平面几何，分析透彻、推理严密；有的老师机智灵活，擅长巧解数学题。这些优秀教师当年的教学风姿，连同他们的音容笑貌，都深深地铭记在我脑海中，他们的成功经验，将是我教学生涯中受用不尽的财富。

模拟的第三类对象是本校教师中学有专长、教有特色的老教师。有的老师潇洒自如、沉稳老练，有的老师典雅、严谨，有的老师规范、板书漂亮等，都是我要努力学习的典范。

我的想法是：博采众长，把这些老师各自教学特色中最亮丽的"闪光点"汇聚起来，用心领悟其真谛，归纳出在数学教学中遵循的若干个"要"和"不要"，并从讲台形象、语言特点、教法技巧等方面给自己"量体裁衣"，进行总体设计，在脑海中勾画出一个理想化的教学风格"样板模型"，供自己在实践中模拟，力求从"形似"升华到"神似"。

经过反复实践、反复琢磨，我初步为自己制定了教学风格的基本式样：讲台形象——朴实、镇定、自信、精神抖擞；教学思路——脉络分明、条理清晰；语言表达——严谨、生动、幽默；板书——工整、详略得当；黑板画——规范、熟练（也会徒手画图）；解题指导——灵活、富有启发性，讲究多解、巧解。事实上，在这一基本式样中含有许多教师的成分，它是我教学风格成型的基础。

这是一个数学老师对教学风格的体会和总结，在开始阶段，大量的模仿和学习各家所长是主要手段，并持续了很长时间，这是非常正确的做法。好风格的形成是漫长的，年轻的教师不要急于求成，要有耐心多学习一段时间，打好坚实的基础，才能真正形成自己成熟的风格。

另外，融洽和谐的师生关系，不仅有助于形成良好的学风，使学生积极主动地参与教育教学活动，而且对教师教学风格的形成起着推波助澜的作用。只有师生关系和谐，才能收到良好的教学效果，促进教学风格的早日形成。

有教学能力的教师，希望自己也能很快地形成自己的特色。为了崇高事业和理想，我们必须不断的更新教育思想，改革教学内容、方法和手段，完善自己的教学风格。

三、在教学中逐渐形成风格

教师用个性去教学，将教学内容内化为自己的心理品质，这就形成了特定的教学风格。教学风格是教师的"个人品牌"，能充分体现每位教师的风格、特色和水平。教师的教学风格的形成不是一蹴而就的，从开始从事教学职业的无风格教学到逐渐成熟，形成自己独特的风格，一般总有一个发展的过程，其间的发展又可划分为若

干阶段。教学风格的形成一般经历了下述几个阶段：

第一，模仿性阶段。

教师开始教学时，没有教学经验，开始总是模仿别人的教学方式方法，套用优秀教师的成功经验。模仿既是人的一种本能行为，又是人们学习的重要途径。这个阶段的特点是对别人的教学方法、方式，教学语言、教学风度，甚至举例、手势、语调都进行模仿。

重庆市特级教师黎见明老师在他撰写的《"导读"的产生》一文中，对他开始从教时的模仿教学作了如下的回顾：

"1947 年，我在故乡四川武胜后期师范开始任国文教员。一个老国文教员告诉我，要受学生欢迎，有两个绝招：一是上课不带教本，课本注解能倒背如流；一是讲一个词或一句话，能旁征博引，讲它几个小时。我很感激他的帮助，认真一一照办。第一课我讲的是李清照的《金石录后序》，经过反复强记，我背好了正文，也背好了注解。上课不带书本，讲得清通自如；加上旁征博引，放纵恣肆，一篇文章竟讲了三个多星期。那时，我认为'博学强记'便是最好的教学法……总之，这时我是属于地地道道的'讲派'。"

可见，通过必要的模仿，一位初登讲台的教师能够在短时间内掌握课堂教学常规、熟悉教学模式和方法，从而适应教学的基本需要。

模仿既有积极主动的模仿，也有消极被动的模仿。优秀教师的成长表明，他们一开始任教就避免不顾实际和自身特点而消极模仿别人教学经验的做法。

比如，上海特级教师钱梦龙老师从任教伊始，一方面注意模仿别的优秀教师的先进做法与经验，另一方面注重结合自身的条件和对教学过程的认识，对当时语文教学中流行的"讲派"进行批判借鉴，终于形成了自己"三主""四式"语文异读法，在全国语文教学园地异花独放。

因此，不考虑自己个性特点，自己任教学科的性质、学生实际等，采取盲目、消极模仿别人教学方法等的做法，是不可能最终形成具有自己特色教学风格的。

模仿是教学的起点，起点一定要高才有发展前途。模仿要注意消化吸收，善于琢磨，在模仿中进行学习和借鉴，取人之长，补己之短。

第二，选择定位阶段。

学习模仿是形成教学风格的需要，但是要真正形成独特的教学风格，教师必须在学习众多优秀教师独特教学风格的基础上，根据自己的教学风格的形成做出准确的定位。教学风格的选择定位是建立在教师思想道德水平，和已有的教学经验、个人特长、兴趣爱好、生理心理特点等的基础上，需要教师认真客观地对这些因素加以分析、思考、提炼。比如，有的教师擅长书法，能画出栩栩如生的简笔画；有的口才极佳，绝不亚于激情飞扬的演说家；有的演技不差，能即兴流露出喜怒哀乐，等等。

正确地选择适合自己发展的教学风格模式，为自己教学风格

的形成做出定位，是形成教师教学风格的关键。

第三，创造实践阶段。

这一阶段的教师突出表现在改革与综合运用教学方法、探索和研究课堂教学的最优化方法及追求课堂教学的最优化教学效果，使每一个学生得到最好的发展；在课堂教学实践中不断地创新与开拓，使教学艺术发挥明显的效应。

在创造教学阶段，教师的教学个性已较明显地体现出与众不同的特色，有了更多属于自己的独特之处。独创的风格特点，给人的感觉永远是新鲜的。歌德说："独创性的一个最好的标志就在于选择题材之后，能把它加以充分的发挥，从而使得大家承认压根儿想不到会在这个题材里发现那么多的东西。"莫奈画的伦敦雾是紫红色的。他的画开始在伦敦的画展中出现时，很多人嗤之以鼻，发出疑问："雾，怎能画成紫红色？"但是，在铁的事实面前，他们终于认输了，而莫奈才是正确的。

一个教师也只有怀着开拓的精神，经过长期努力，不断实践，积极探索，扬长避短，推陈出新，不走寻常路，才能形成自己独创的教学风格。

第四，独特风格阶段。

经过上述阶段的努力和磨炼，教师的教学风格基本形成。这一阶段的教师在教学过程的各个环节、各个方面都有自己独特的创造，教学具有浓厚的个性化色彩，并且整个课堂教学体现出科学性与艺术性完美地结合在一起，教学成为真正的研究教学艺术的科学。教师的教和学生的学共处于一种美的艺术陶醉与享受之中。

在一个研究教学风格的科研项目，研究者选择了一位教学风格比较突出的小学语文特级教师作为研究对象。最后得出了如下结果：

该教师的教学风格形成历程分为模仿、创新、成熟三个阶段。教学 1~3 年为模仿阶段：这个阶段的特征是模仿，注重吸收别人成功的经验，比较依赖于前人做法、他人经验、教参和固定的教学程序；教学 3~16 年期间为创新阶段：教学基本上摆脱模仿的束缚，独立意向鲜明，能根据自身特点创造性地进行教学并且具有明确的风格意识；教学 16 年后为成熟阶段：这一阶段的特点的是个性化，此时该教师的教学风格呈现出稳定、一贯的特征。教学过程的各个环节、各个方面都有独特、稳定的表现，教学带有浓厚的个性色彩。在其教学风格发展过程中模仿性因素越来越少，而独创性因素越来越多，最后形成自己的教学风格。

促进该教师教学风格形成的因素包括内因、外因两类。内因包括对教师职业的热爱、个人特征的好强、教学中的善于学习、积极实践、重视反思；外因包括学校管理、教师群体的支持、教学改革的要求以及个人生活或教学生涯中的关键人物的支持。

当然，教学风格一旦形成，它也有进一步发展创新的需求，因为任何一种模式都不是僵死不变的，它必须在实践中随教师思想品质、道德水平、文化修养、教学艺术、生理心理素质的成熟而不断发展创新。在教学风格的发展创新方面，很多优秀教师为我们做出了榜样，这些榜样告诉我们，只有在不断发展创新中，

195

教师的教学风格才能达到更高的艺术境界。

教学风格绝不仅仅是形式问题，它与一个教师多方面的修养密切相关。所以，在打造教师的个性化教学风格中，切忌不能"为风格而风格"。要注意自己教学风格的实际教育效果，避免把教学搞成哗众取宠的"花架子"。

四、让风格永远保持鲜活

优秀教师是教育改革的倡导者和实践者，担负着教育改革的重要角色。新一轮课程改革的核心理念是为了每一位学生的发展，培养个性鲜明的人才，所以，它呼唤着个性化的教育，呼唤着具有个性化的教师。作为一名教师，不容忽视个人教学风格的形成，应为树立良好的教师形象，培养良好的教学风格而积极努力。

风格源于对优秀的追求。

一个满足于平庸得过且过的教师，决不会自觉发展自己的风格。只有对教育有深刻理解、高远追求，对自己所教的专业充满激情，满怀挚爱和激情投入工作的教师，才会努力打造自己的风格。

以上海市语文特级教师陈钟梁的教学风格形成为例：

陈钟梁是新中国成立以后成长起来的语文教师。

50年代，从中学到大学，他接受的是正规教育，文化及专业基础知识全面扎实，如同一个演员，他具备了唱、念、坐、打、口、眼、身、步的基本功。听过陈钟梁讲课，及报告的人都承认，他是一个博学强记、思维敏捷、能言善讲、读写兼长的人。应该说，这些都构成了陈钟梁形成独特教学风格的良好基础。

除此之外，决定他的教学风格的还有他的一贯的教学追求。他的一贯的追求是什么呢？那就是"戏剧性"。他自幼受父亲爱好的影响迷上了戏剧，在学校里被称为具有戏剧性的人物。他考入师范学院，戏剧梦破灭了，但对戏剧的爱好使他受益匪浅，成为他教学艺术中的一种追求。在教学设计中，他不是设置一个悬念，便是来一个"戏剧矛盾"或"戏剧插曲"，使他的教学设计花样翻新、别具一格。

这种教学艺术上的个人追求，带动着他在实践中不断发展，走向成熟。最终形成了"精雕细刻"的细腻，而充满活力的教学风格。

风格源于崇高的思想道德。

一个出类拔萃的优秀教师，他应该是热爱教育事业，有强烈的事业心和责任心，对工作兢兢业业，认真备课，精心组织教学，改进教学方法，注重教学效果。关心学生，热爱学生，严格要求，及时发现问题并予以解决。如果教师长期以一种献身精神主宰自己，其教学风格必然是良好的。

许多教师用实际行动证明，教师的思想道德水平尤其是对学生、对教育事业的爱，对教学风格的形成起着决定性的作用。

著名青年语文教师程翔在一次作文讲评课上范读了一篇学生的优秀作文，一个学生却指出这是一篇抄袭之作。面对这突如其来的情况，程翔老师没有去批评、指责这位学生，而是用鼓励的

口吻说道:"不可否认,这的确是一篇优美的文章,我以前却没有读过,真是一大憾事。而今天读了之后,就像喝了一杯甘甜的美酒,真是一种美的享受。相信同学们也跟我有同样的感受吧。这位同学为我们提供了一次如此难得的学习机会,就让我们用最热烈的掌声表示感谢!"这一个小小的细节,让我们感受到程翔老师对学生深深的爱。

教师的道德修养是教师素质要素中最根本的,它时刻激励着教师敬业爱生,把教育教学工作真正地作为一项事业去追求。只有具备崇高的思想道德水平的教师,才能用心地组织教育和教学工作,才能被社会认可,才能更好地教育和影响学生。

风格源于深厚的文化积淀。

苏霍姆林斯基说过:"教师所知道的东西,就应当比他在课堂上要讲的东西多 10 倍、多 20 倍,以便能应付自如地掌握教材,到了课堂上,能从大量的事实中挑选最重要的来讲"。

教师的知识结构状况是教师在教学实践中旁征博引、深刻论证的基础条件,是教师形成独特教学风格的知识基础。教师除了要扎实地掌握本学科的专业知识,还应具备系统的教育学、心理学的有关知识。教师只有对本学科的专业知识有系统的把握,才能组织管理好课堂教学,才能提高教育教学质量,达到最佳的教育教学效果;教师只有熟悉教育学、心理学的有关知识,才能了解学生的心理活动,才能把握学生的个体差异,更好地促进学生身心的健康发展。

风格源于对教学的不断反思。

任何一项工作如果不加以反思和提炼，都会成为日复一日的重复劳动，会逐渐丧失其应用的活动，教育更是如此。著名特级教师斯霞在回首自己的教育生涯时这样说："我有一个好习惯，每次教后都要回忆和检查教学情况，想想哪儿教得好，哪儿有问题没讲清楚；学生掌握得好不好，什么原因，以后怎样设计才能教得更好，学得更轻松。"斯霞老师的成功给我们有益的启示，勤于反思促使她不断提高。

因此，教师有必要要每节课开始之前，制订明确的具体目标，每节后进行反思，目标达成度如何、哪些环节是成功的、哪些环节是有意外收获的、还存在哪些不足等等。

风格源于不断地实践。

实践出真知，一堂课怎样构思才有新意，学生怎样学习效果才最好，这都需要不断实践。学习不只是为了丰富自己，更重要的是为了指导和优化实践。

上海特级教师毛蓓蕾在小学思想品德课的教学中，研究社会现实，研究孩子实际，不断学习、反复实践，逐渐摒弃了说教式的教学，而形成了"以情感人、情理交融"的教学风格，这种风格不是一蹴而就，一日成型，而是积累、摸索的结果。

实践不息，探索积累，久而久之，则逐渐形成自己独特的风格，完善自己个性鲜明的教学方法。但教学风格并不是一成不变的。丹纳说："一个艺术家的许多不同的作品都是亲属，好像一

父所生的几个儿女，彼此有显著的相像之处。"教师的这堂课与那堂课，记叙文教学与童话教学方法肯定是不同的，但他的风格应是统一的。成熟的教学风格不是偶尔为之，今天如此，明天又改变。稳定性是教学风格的又一重要特征。教学风格的稳定性首先是教育理念和主张的稳定和统一，其次需要教学方法在提炼以后的"固型"，在实践中不断强化和丰富。正如建筑师所说："风格是共同特征在表现上的不断重复。"但是，稳定绝不意味教学风格是静止的，甚至是僵化的，相反，教学风格应当在实践中不断完善和发展。稳定性是教学风格的特征，发展性则是教学风格的生命。这种发展性，意味着教学风格具有时代特征，彰显时代意义和时代色彩。

任何一个思想僵化、不求进取的教师是不会形成自己鲜明的教学风格的，即使有也是静止的，昙花一现。唯有不断学习、不断反思、不断实践，才有可能让风格永远鲜活。